Audi

# Audi R8 Le Mans

Bodo Kräling

Herbert Völker

KRÄLING

Impressum

© by Ferdi Kräling
Sorpestraße 36
59955 Winterberg
Telefon: 02983 - 97280
Telefax: 02983 - 972828
e-mail: kraeling-bildagentur@t-online.de

› Idee, Konzept und Redaktion:
Ferdi Kräling Motorsport-Bild-Verlag

› Fotos:
Bodo und Ferdi Kräling

› Weitere Fotos (S/W):
Wake upp (7)

› Text:
Herbert Völker

› Art-Direction:
Thomas M. Simon

› Grafik-Design:
Werbstatt GmbH
59955 Winterberg

› Textübersetzung:
Kaye + Wilfried Müller

› Lithografie:
Media - Kommunikation
Ralf Schultz

› Druck:
Bräutigam
57392 Schmallenberg

› Papier:
170 g/m2 *nopaCoat classic gloss* (TCF),
ein glänzendes, zweiseitig doppelt gestrichenes
Bilderdruckpapier
der *Nordland Papier AG*, Dörpen

Printed in Germany

ISBN 3-613-30424-4

Inhalt

Vorwort

Ein klares Bekenntnis zum Motorsport ergibt sich für Audi schon aus der Sportlichkeit der Serienfahrzeuge, sie ist wesentlicher Teil unseres Markeninhalts. Diese Kraftlinie ist auch die ideale Verlängerung aus der Audi-Tradition, die ja voll der aufregendsten sportlichen Unternehmungen war.

Wer an Motorsport denkt, landet bald bei Le Mans als Wertbegriff aus der Tiefe der Jahrzehnte. Es hat den Glamour eines unvergleichlichen Ereignisses, den Anspruch eines Treffens der Weltbesten und die Ernsthaftigkeit einer Prüfung in zugleich Sprint und Dauerlauf. Es gibt nichts Anspruchsvolleres im Rennsport als das Aneinanderreihen von fünfzehn Grand-Prix-Distanzen.

Bezeichnend für das Wesen von Le Mans ist, daß praktisch jede Marke der Automobilgeschichte, die sich klar zu ihrer Sportlichkeit bekannte, irgendwann einmal im Lauf der Jahre in Le Mans angetreten ist und im besten Fall dort auch gewonnen hat. Der zweite Schritt kann sich nur aus dem ersten ergeben, und wir hatten das Gefühl, es sei die rechte Zeit für Audi, diesen ersten Schritt zu tun und den zweiten auf die dringende Wunschliste zu setzen, ohne falsche Bescheidenheit.

Ich freue mich, daß das Thema „Audi in seinem ersten Le-Mans-Jahr" in einem Buch festgehalten wurde, das in seiner Klasse dem Ehrgeiz des ganzen Projekts entspricht. So gibt es ein frisches Aufblättern nicht nur der Rennchronik, umgesetzt in die Schönheit ihrer Momentaufnahmen. Davor steht noch der Countdown einer aufregend kreativen Schaffensphase bis zu jenem Samstag, wenn am Nachmittag um Vier alle Uhren von vorne anfangen.

7

## Der Magnet

Es geht um die Vertiefung der Sportlichkeit im Bild der Marke, sagen die Marketing-Leute. Aber auch davon abgesehen gibt es bei Audi rundum keine Zweifel an der Notwendigkeit von Motorsport an sich. Die sportliche Marke in ihrem Selbstverständnis also am Beginn eines neuen Weges: Daß er nach Le Mans führen sollte, dafür sprachen der Genius Loci, „die Tiefe der Jahrzehnte", der Anspruch der Weltbesten und die Ernsthaftigkeit der Prüfung. Aber auch die Logik des nächsten Schrittes ließ kaum etwas Anderes zu als eine Reise an die Sarthe. Solange die Autos einer Rennklasse den Serienwagen ähnlich sind, will Audi eigentlich nur mit Allrad dabei sein, so ist die Linie des Hauses. Da der Faktor des quattro-Konzepts in der Mathematik der Supertourenwagen offensichtlich so schwer herauszudividieren ist, blieb die STW-Option nicht länger offen. Formel 1 ist kein Thema, weder für Tochter noch für Mutter im Konzern, jedenfalls nach dem Stand der Dinge. Und was immer zwischen STW und Formel 1 liegt, wird eben überstrahlt von Le Mans mit seinem hohen technischen Niveau und der ewigen Faszination des Marathon-Gedankens. Der Anspruch eines Werkes, das sich über seinen technischen Zugang darstellt, paßt haargenau in die Anforderungen von Le Mans: Die Dehnung des Lastenheftes in extremis, der schnelle Antritt und der lange Atem, die Offensichtlichkeit der Verantwortung, die Präzision des Ablaufs. Und da ist natürlich noch die enorme Publizität weltweit. Es gibt nur drei Motorsportereignisse mit Strahlkraft rundum, auch für Nicht-Aficionados: Grand Prix Monaco, Indianapolis, Le Mans.

*Leitwolf*

*Grüße aus Le Mans*

*Liebesdienst*

*Rädchenwerk*

*Teamwork*

*Bremslichter*

August 1997, der Countdown beginnt. Es sind also 22 Monate Zeit. Zuerst die Überlegensphase ohne Hardware. Am stärksten gefragt ist Vorausahnung: In welche Richtung beim kommenden Reglement der Hase laufen wird. Noch gibt es die GT1-Regel mit der Straßen-Homologation für Autos, die dort nie hingehören. Bei Audi Sport empfinden sie GT1 als absurd. Später wird auch die Sportbehörde so denken, da hat man sich also etliche leere Kilometer erspart. Bleibt die Frage: „Offen oder geschlossen?“ Aus dem Mix von bekannten Parametern und hochgerechneten Ahnungen ergibt sich eine leichte Neigung zum offenen Renner. Die Ingenieure bauen im Computer ein Chassis, in dem sich alle Auflagen des

## Eine Phantasie der Sachlichkeit

Reglements unterbringen lassen. Jetzt geht es um die Phantasie der Sachlichkeit. Parallel dazu werden bei Audi Designideen skizziert, wie sich ein Racer in der Formensprache des Hauses ausdrücken ließe. Bald wird auf diesem Weg eine Pause eingelegt, denn nirgendwo gilt „Form follows function“ derart radikal wie im Rennsport. Also wird man zuerst die Arbeit im Windkanal abwarten und erst die vorläufige „Funktionsform“ wieder den Designern präsentieren. Sie werden dann der Skulptur einen zweiten Bildungsweg verpassen, um noch soviel Audi-Identität wie möglich zu gewinnen. Für den Ehrgeiz der Stylisten ist dies ein sehr schmaler Spielraum, der nur noch subtile Feinarbeit offen lassen wird. Die Demut der Designer ist gefragt. Demütige Designer, gibt’s die?

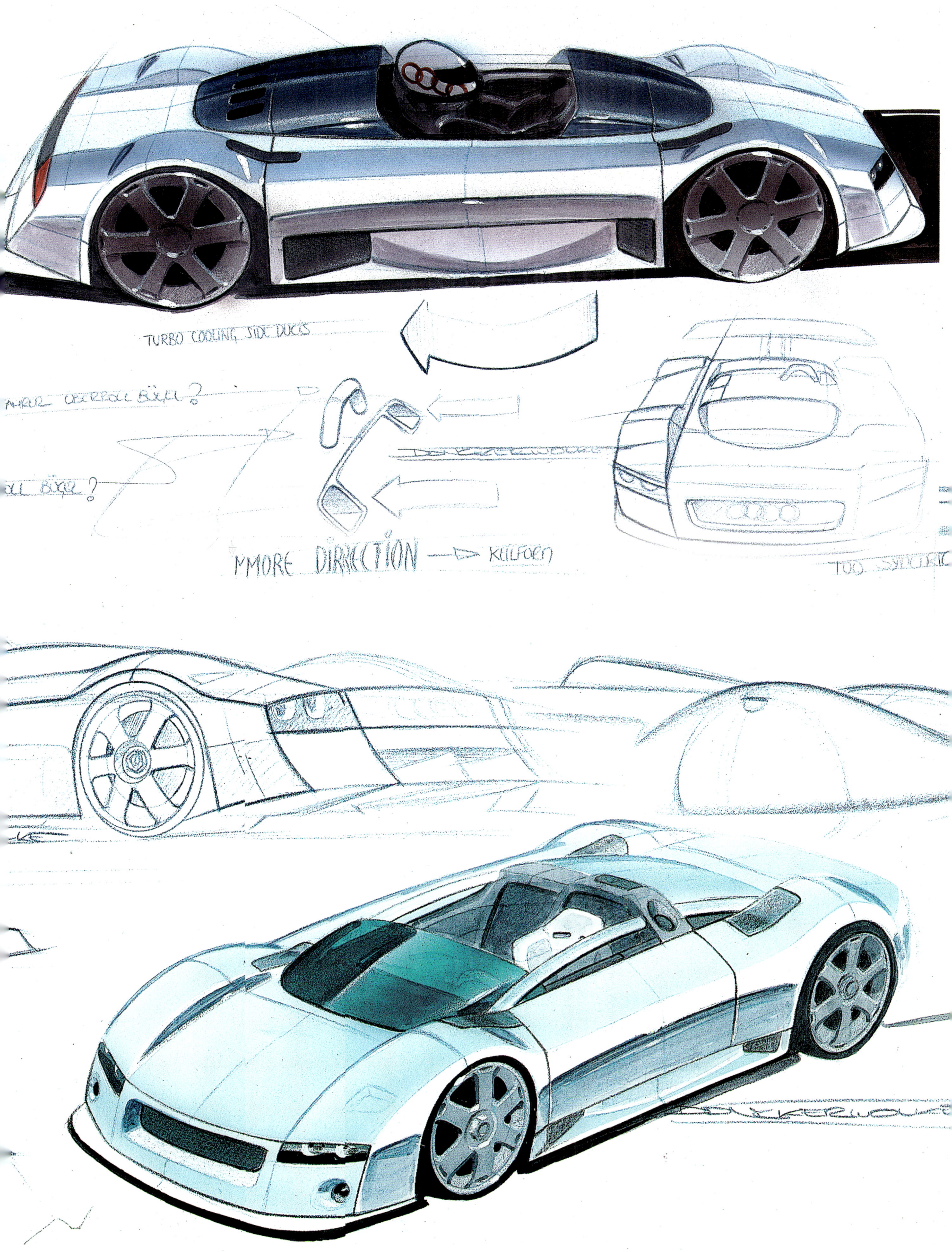
TURBO COOLING SIDE DUCTS
MORE DIRECTION

Z-400

# Die dritte Dimension

Das erste Maß für den Computer war die Spurweite, sie ergibt sich praktisch aus dem Reglement (200 cm maximale Fahrzeugbreite). Als zweites Grundmaß errechnete sich der Radstand aus dem Kalkül mit den Überhängen: Langnaser oder Langhecker oder mittelmittel. Die vorerst eingeschlagene Richtung bei Audi Sport führt zu einem

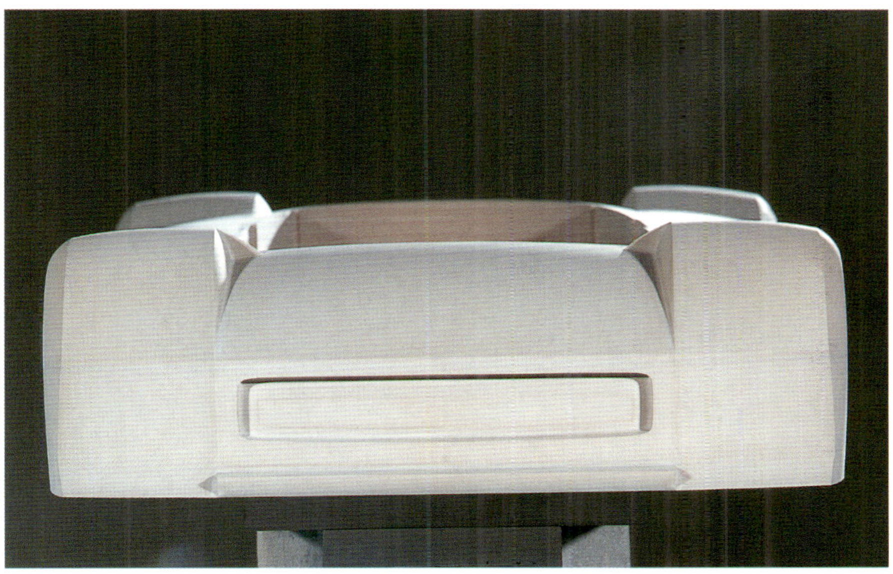

Kurzheck, denn noch ist im Automobilclub des Westens keine Rede von der Freigabe eines hinteren Diffusors. Dezember 1997, nach vier Monaten im Virtuellen: Von einer Fräsmaschine in ihrer gelenkigen Anmut wird die im Computersystem beschriebene Form als 1:4-Modell herausgearbeitet. Die Maschine wird direkt vom Computer angesteuert und beginnt am vollen Holz. Hey, das ist das erste Stück von Le Mans, das sich auch angreifen läßt! Modellbaumäßig kommen Räder drauf, das ergibt einmal einen ersten Eindruck von dem Ding. Im Countdown sind es noch 18 Monate.

Ton macht eher die Musik, so hat sich für den Werkstoff der Modelleure auch in der bayrischen Branche das englische „clay“ durchgesetzt. Das Clay-Modell also ist nun im Frühjahr 1998 eins zu eins entstanden. Beim Wachstum aus dem 1:4-Holzmodell ging es nicht um die bloße Größenfrage. Erste Haltungsnoten des Kleinen wurden schon berücksichtigt, außerdem muß full size nicht alles gut aussehen, was in der Miniatur gefiel. Die Clay-Plastik entsteht wieder mit Hilfe der Audi-Designabteilung. Modelleure sind Künstler vom alten Schlag, und ein Gutteil ihrer Arbeit geschieht mit schlichtem Handwerkzeug. Zuvor wurde auf einem Stahlrahmen mit Holz und Schaumstoff ein sehr stabiler innerer Kern gebaut; das schwere Material Ton wird nur in einer paar Zentimeter tiefen Schicht außen aufgetragen. An der inneren Struktur sind die Hard Points definiert, sie ergeben sich aus den Computerberechnungen für Monocoque und Motor, für Getriebe- und Radaufhängungskonturen. Hard Points sind die Tabuzonen der Modelleure, da wird nicht geschabt und nicht gespachtelt. Das Modell hat funktionierende Radaufnahmen, sodaß der schwere Körper letztlich auch manövrierfähig wird. Die Skulptur ist deutlich gewichtiger als ein richtiges Auto.

*Winterhoff, Donckerwolke, Weber, Appel, Diephold, Pfadenhauer*

Form follows function, zweiter Teil. Aus Konstruktion und den aerodynamischen Hochrechnungen hat sich eine Basisform ergeben, wie das Auto im Wind laufen könnte. Noch vor den entscheidenden Durchgängen im Windkanal darf an den Rändern der Skulptur erneut nach audimäßiger Schönheit gesucht werden: Wie die Flächen ineinanderlaufen und wie die Liebespfänder des Erkennens gesetzt werden sollen. Die Konturen ergeben sich aus dem Wechselspiel an Zeichnung (mit Tapes an der Wand), Plastik und Computerdaten. Das Clay-Modell ist, wie sie sagen, eingenullt auf seiner Meßmaschine, so kann jeder beliebige Punkt abgetastet und in den Computer-Koordinaten dargestellt werden. Daher sind auch etwaige Kollisionen mit Hard Points jederzeit zu

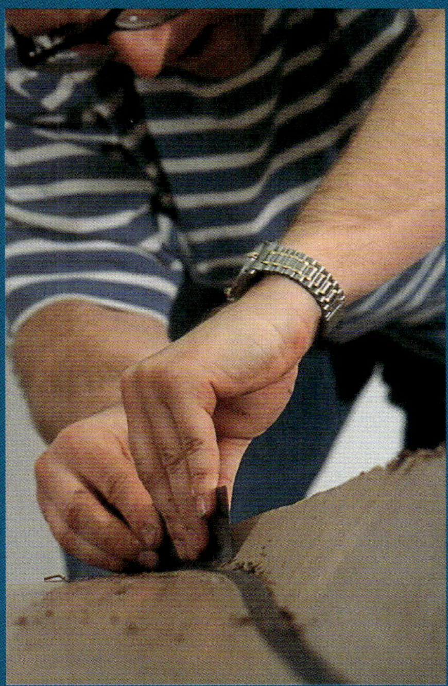

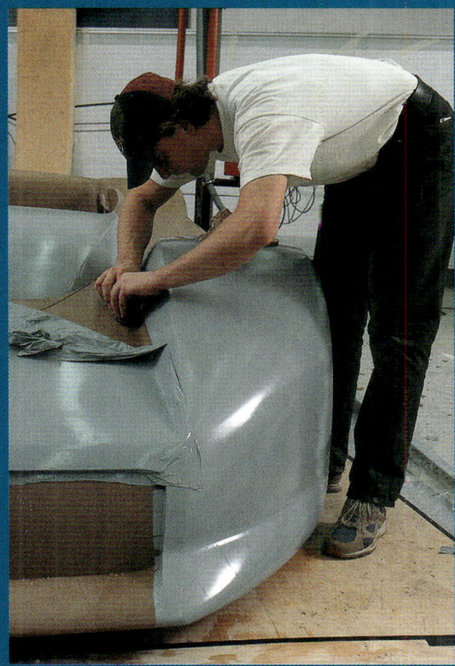

überprüfen. Es gibt aber auch die Fragestellung des Designers, der von außen kommt und dann durchaus mal im Rechner die Kontur verändern läßt. Eine Kunststoffhaut über dem laminierten Ton wird die Hohlform ergeben, von der die Abnahmen für die ersten Karosserieteile gemacht werden.

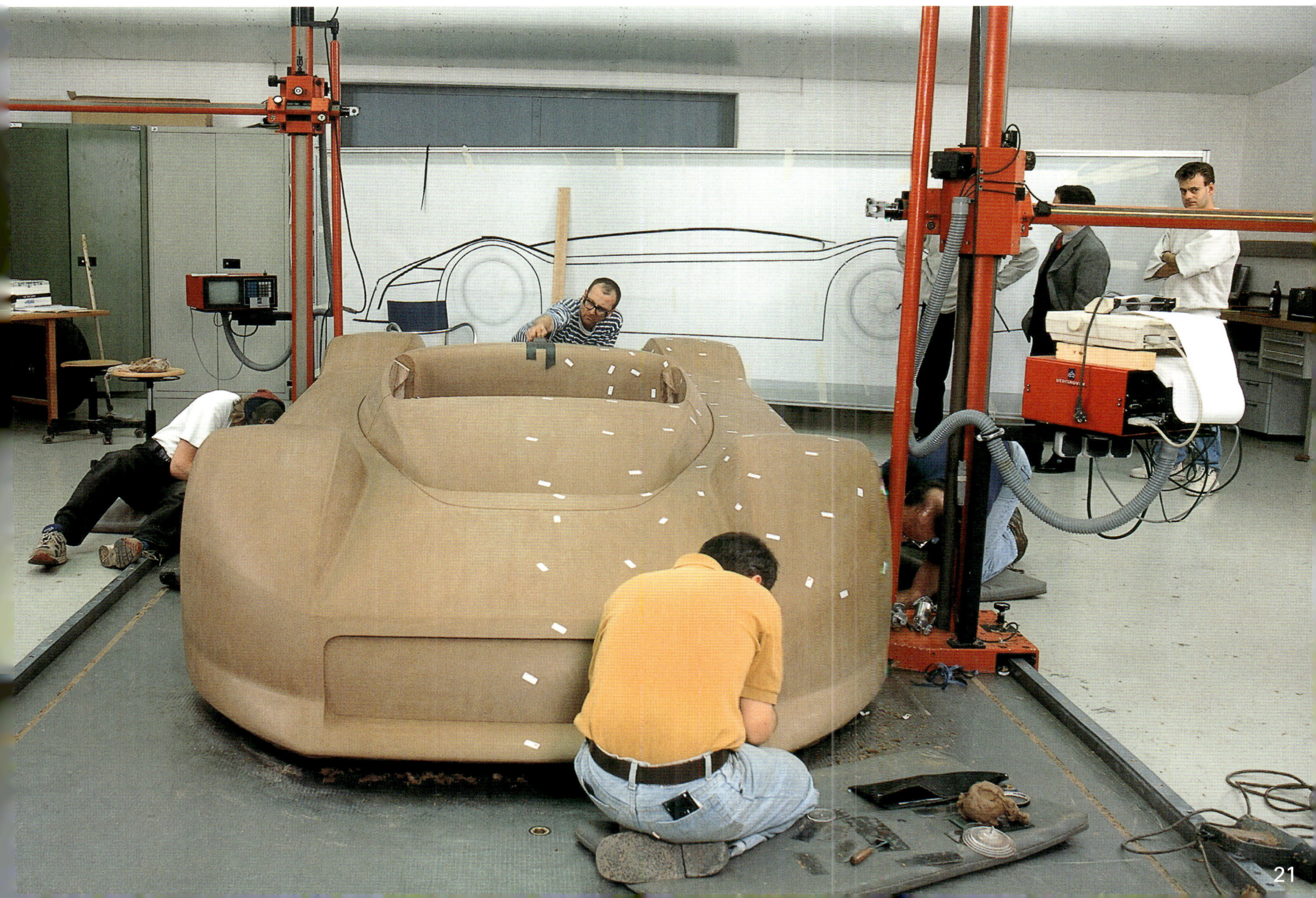

R8

## Wie der Wind läuft.

Ein völlig freies Reglement würde im Irrwitz enden, daher darf man in den Einschränkungen der Sportbehörde gleich das Gute suchen. Wo alle am etwa gleichen Leistungsplafond anstoßen, wird der Wettbewerb noch komplexer, subtiler, man kann ruhig sagen: feinsinniger. Wenn dann trotz Motordrosselung Spitzen von 340 km/h erreicht werden, ergibt sich die Aerodynamik als weitestes und auch heikelstes Feld der Konstrukteure. Der Audi R8 steht in seinem achten Monat und ist reif für den Windkanal. Vorerst wird mit 1:4 - und 1:2,5 - Modellen gearbeitet. Die wichtigsten gemessenen Werte betreffen den Abtrieb an Vorder- und Hinterachse und den Luftwiderstand. Gemessen wird nicht nur in der Grundstellung („Konstruktionslage“), sondern in einem computergesteuerten Programm von Neigungen, wie sie sich aus Bremsen, Beschleunigen, Ein- und Ausfedern ergeben. Aus dieser Kette von Messungen ergibt sich eine Kennlinie des Verhaltens, die zur Bewertung des aerodynamischen Gesamtpakets beiträgt.

SF

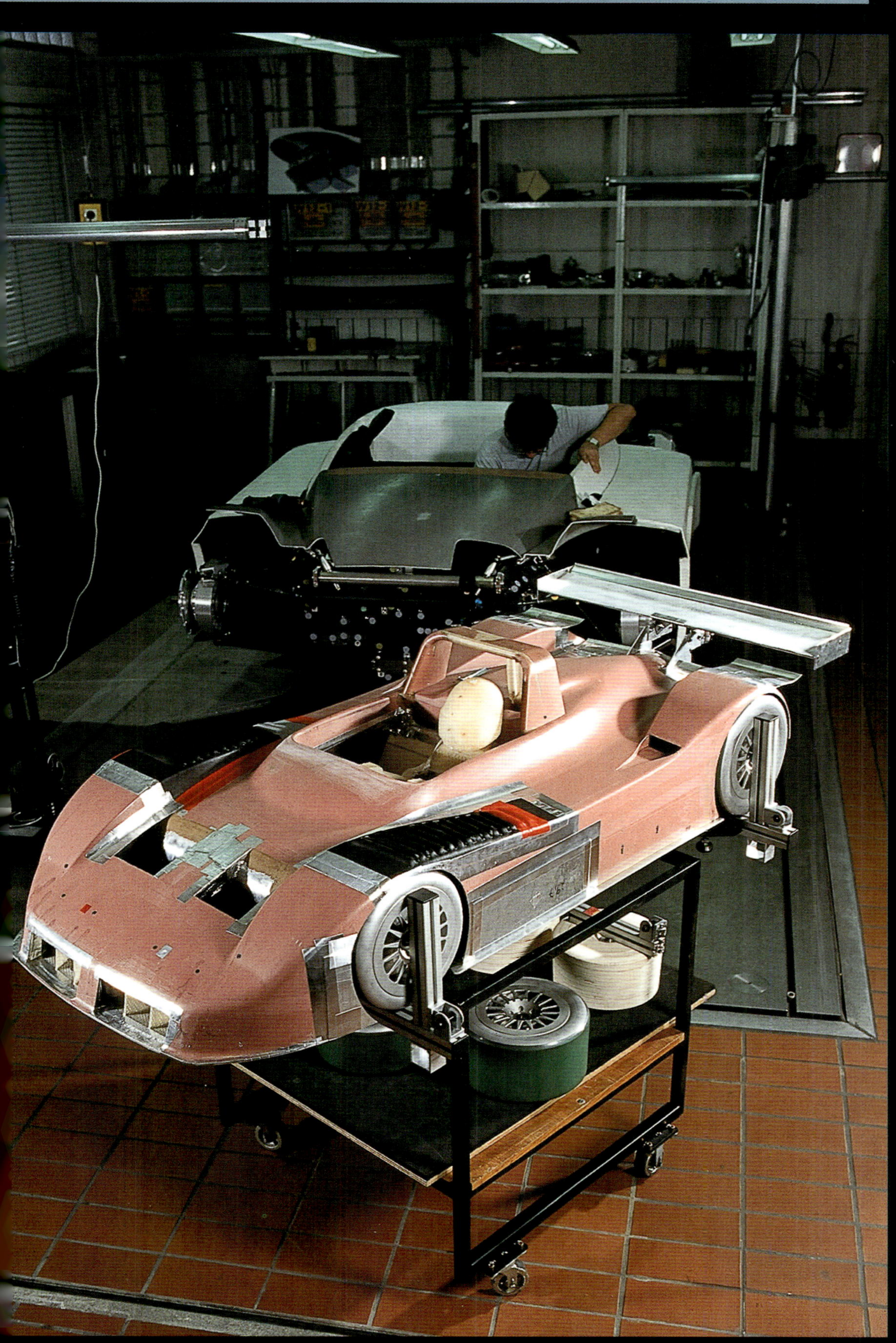

Neben der rein aerodynamischen Qualität geht es vor allem um einen Trend der Empfindlichkeiten, um die heikelsten aller denkbaren Zustände vorausahnen und einschätzen zu können. Wie empfindlich ist das Verhalten in Abhängigkeit zum Bodenabstand? Was bewirken Federweg und Rollneigung? Die Spielräume an einem so steifen und straffen Rennwagen sind zwar denkbar gering, in ihrer Übersetzung etwa auf den vorderen Überhang werden sie bei entsprechendem Speed zu einem entscheidenden Faktor, um nicht in kritische Bereiche zu kommen. Je mehr Überhang vorne, desto mehr Fläche, um den gewünschten Unterdruck zu schaffen, aber auch desto größere Bewegungen. Die Konzepte für einen flachen Unterboden (vorgeschrieben zwischen Vorder- und Hinterachse) mit einem Diffusor vorn funktionieren nur in einem engen Bereich wirklich gut, an den Rändern dieses Spalts wird es sehr sensibel. Entscheidet man sich für eine „spitze" Aerodynamik, also für einen sehr hohen Abtriebswert, nimmt man in Kauf, daß dieser Wert selbst auf eine kleine Veränderung des Bodenabstands sehr sensibel reagiert. Wenn also das Auto vorn stark „arbeitet", mag es im Extremfall in einen Bereich kommen, wo kaum mehr Abtrieb da ist — natürlich in komplexem Zusammenhang mit Radstand und Heck, jedes Detail ist immer im Ganzen zu sehen. In dieser zweiten Phase im Windkanal ist das Modell schon möglichst detailliert in seinen Öffnungen und Führungen der Durchströmung, jetzt wird etwa auch schon die Optimierung der Kühlerpositionen gesucht. Aufgrund dieses Luftbedarfs werden möglicherweise neue Öffnungen notwendig, die die komplette Außenfront wieder durcheinander bringen. Die Arbeit mit dem innen schon detaillierten Windkanalmodell eröffnet eine Kette von frischen Wechselwirkungen.

Vorbau sagen sie bei Audi Sport zu dieser Fixstation im Ablauf der Autowerdung eines Rennwagens. Nicht im Sinne von Vorderbau, sondern von Vorausbau. Auf diese Art wird in Ingolstadt jeweils das allererste Exemplar eines Rennwagens in eins zu eins gebaut. Zunächst ist jedes Ersatzmaterial gut genug als Platzhalter, das Monocoque aus Holz, der Motor aus Holz plus Kunststoff, das Getriebe bloß in seinen Konturen. Andere Teile sind schon echt verfügbar, etwa die wahre Servopumpe und der wahrhaftige Hilfsrahmen rund um den Motor auf einer Bodenplatte aus Sperrholz. Im Lauf der Zeit besteht das Ding mehr und mehr aus den korrekten Komponenten, denn alle Teile, die neu hereinkommen, gehen zunächst einmal auf den Vorbau. Wird etwa das erste Monocoque von Dallara geliefert, wird es in der Audi-Qualitätskontrolle vermessen und kommt dann als Maß der Dinge in den Vorbau. Der wird damit zum Urmeter der Komponenten-Fertigung. Das bedeutet auch, daß jedes Detail, das irgendwann im Lauf der Entwicklung verändert wird, zuerst einmal am Vorbau überprüft werden muß: Paßt es glatt oder bedingt es Änderungen an anderen Komponenten? Erst wenn die Freigabe „Paßt im Vorbau" gegeben ist, kann die konstruktive Änderung tatsächlich erfolgen. Der Vorbau bleibt bis zuletzt aktuell, denn ein Rennauto bewegt sich ja in gewissen Komponenten bis zum Vortag des Rennens. Theoretisch jedenfalls. Natürlich wird man gerade bei einem Le-Mans-Auto versuchen, den Stachel früher reinzuhauen.

Vorbau Musterflügel 20 mm
Vorbau Musterflügel 10 mm

Das Reglement läßt recht unterschiedliche Motorkonzepte zu, aber irgendwie war da bei Audi ein starker Zug zum Turbo, auch aus guter Tradition. Sodann das Justieren von Restriktor-Durchmessern und Ladedruck-Begrenzern, von erwartetem Fahrverhalten und hochgerechneten Verbräuchen. Am Schnittpunkt von gesammelten Tugenden und minimierten Nachteilen stand der V8-

Biturbo mit 3600 ccm Hubraum. Die Hauptabmessungen ergaben sich sehr rasch aus der idealen Bohrung und den logischen Zylinderabständen, aus dem Hub und dem Streben nach dem tiefen Schwerpunkt. So war das Phantom des Motors schon in den frühen Tagen des Projekts dabei. Ende Juli 1998 war alles echt: Die Maschine des Audi R8 tat ihren ersten Brüller auf dem Prüfstand.

JETZT SIND WIR IM AUGUST 1998, so ist also ein Jahr verflogen seit dem ersten virtuellen Seufzer im Computer bis zu dem Schwarzen in Vollmaterial, der in Echtzeit aufs Prüfgelände geschoben wird. Der Roll-out ist so etwas wie die Dachgleiche der Automobilbauer, man legt sich den Termin von vornherein fest als wichtigste Markierung im Marschplan für die Schlüsselübergabe. Der R8 ist ziemlich genau im Plan, alles andere wäre auch höchst irritierend gewesen. Ort des Geschehens ist das Audi-Prüfgelände in Neustadt unweit von Ingolstadt. Die dramatische Schalldämpferanlage dient weniger der Le-Mans-Erprobung als der Neustadt-Verträglichkeit.

Von allen Funktionsbereichen ist der jeweilige Verantwortliche dabei, und es gäbe ungefähr tausend Gründe für die Möglichkeit des Nichtfunktionierens im ersten Anlauf. Das hätte ja rein gar nichts zu bedeuten, weiß jeder von diesen rationalen Menschen, trotzdem wünschen alle in völlig untechnischer Inbrunst: Das Ding möge laufen, bitte. Dann ist der Laptop an die Motronic angeschlossen, der Ingenieur tippt quälend lang herum, überprüft Funktionen, läßt das Gaspedal vom Fahrer durchtreten, checkt das Drosselklappenpotenziometer, sagt endlich: Starten, es erklingt ein wunderbares Summen, und mit polterndem Grollen bricht der R8 ins Leben.

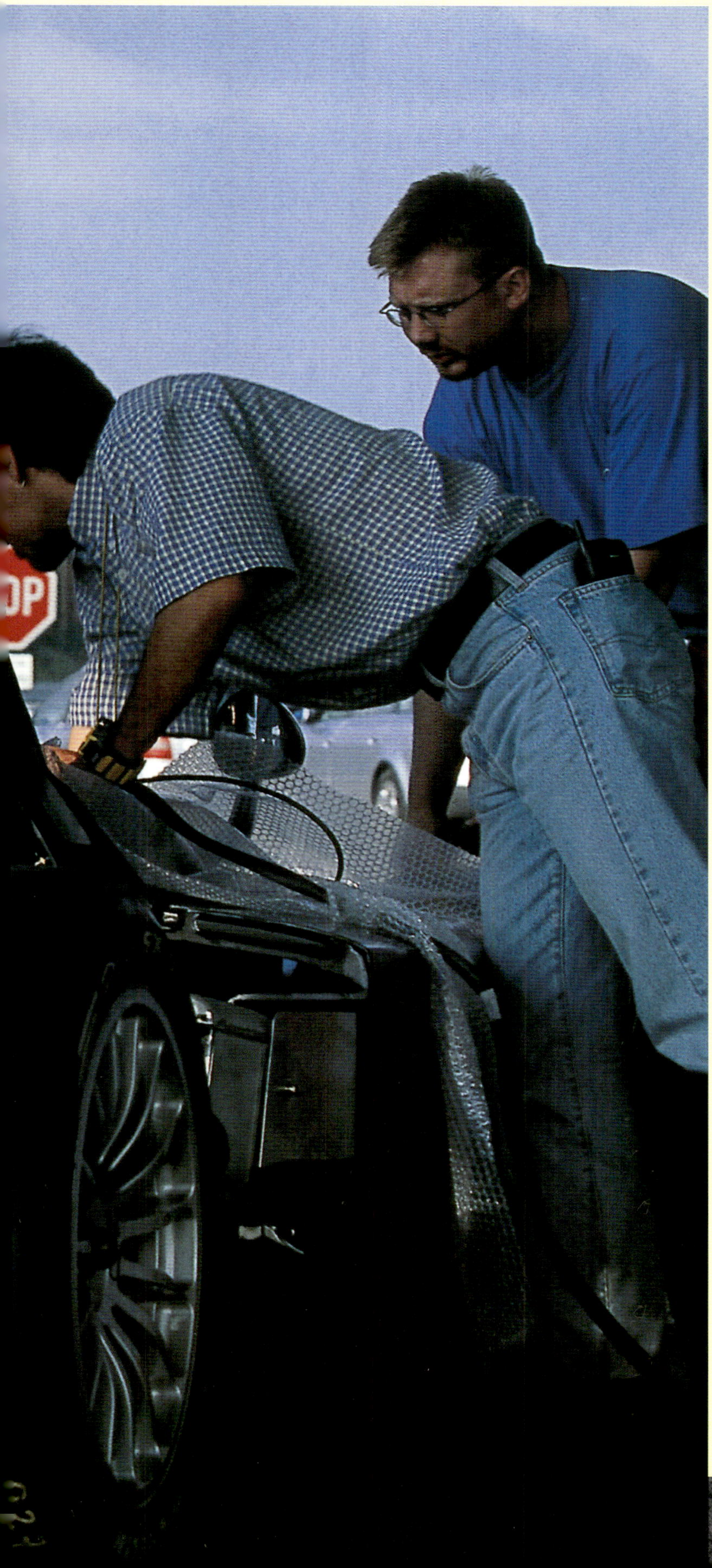

Das Recht der ersten Stunde kann nur einer haben, und in diesem Fall war es Rinaldo Capello aus dem Piemont. In den Jahren der Super-Tourenwagen-Meisterschaft sind die Leute von Audi Sport und einige auswärtige Talente zu einer Familie mit hübscher Nestwärme zusammengewachsen, und es lag auf der Hand, daß man nun auch das Le-Mans-Projekt gemeinsam angehen würde, die nötige Statur dazu hatten sie alle. So wurden auch die ersten Tests von jenen Fahrern getragen, die in dieser Saison für Audi STW fuhren. Neben Capello waren das Frank Biela, Emanuele Pirro und Yvan Muller, der allerdings auch stark in England engagiert war und am wenigsten zur Verfügung stand. Da die Fahrertruppe für Le Mans vergrößert werden mußte, liefen daneben auch schon vertrauliche Gespräche mit einigen Wunschkandidaten wie Alboreto und Aiello. Der „Markt" zeigte schon Tendenzen zur Verknappung, denn langsam zeichnete sich für 1999 die zahlenmäßig stärkste Beschickung durch Werkswagen in der Geschichte von Le Mans ab. In der Stunde der ersten Rührung ein Gruppenbild der Intensiv-Abteilung inklusive Capello und Technik-Vorstand Mischke.

Bilder vom Roll-out: Das Hochgeschwindigkeitsoval auf dem Prüfgelände von Neustadt, das Scheinwerferdesign jener Phase, und wir sind noch immer in Baustufe 1. Die Scheinwerferaugen sind ja eines der wenigen Elemente, mit denen sich die Markenidentiät auf einen Rennwagen übertragen läßt. Hier war es der Versuch, den Augenschnitt etwa des Audi TT zu interpretieren. Weitere Ansatzpunkte ergeben sich in der ganz gewissen Art, Rundungen auszuformen, um Assoziationen der subtileren Art zu wecken. Die größte Kraft hat natürlich das Logo mit den vier Ringen. So praktisch das Gelände von Neustadt auch gelegen (und gegen Neugier gesichert) ist, es würde eine echte Rennstrecke als Testgrundlage nicht ersetzen können. Gesucht war eine ausgewachsene Strecke, wenn möglich in Mitteleuropa, auf der man ungestört und vor allem unbeobachtet arbeiten können würde. Neben der schieren technischen Arbeit ging es ja letztlich auch darum, in der Öffentlichkeit eine gewisse Spannung zu erzeugen und aufrecht zu erhalten. So liefen die Vorbereitungen äußerst behutsam. Nach dem Roll-out noch drei Wochen Feinjustierung am Trockendock, dann der Aufbruch in die echte Testphase, mit unscheinbaren Transportern mit irgendwelchen Kennzeichen, jedenfalls keinen Ingolstädtern. Sollte es wirklich möglich sein, zweimal je eine Woche eine Rennstrecke rauf und runter zu rodeln, ohne daß irgendein Journalist oder Fotograf davon Wind bekommen würde? Man sollt's nicht glauben:
Es war möglich, und jetzt würden natürlich alle gern wissen: Wo?

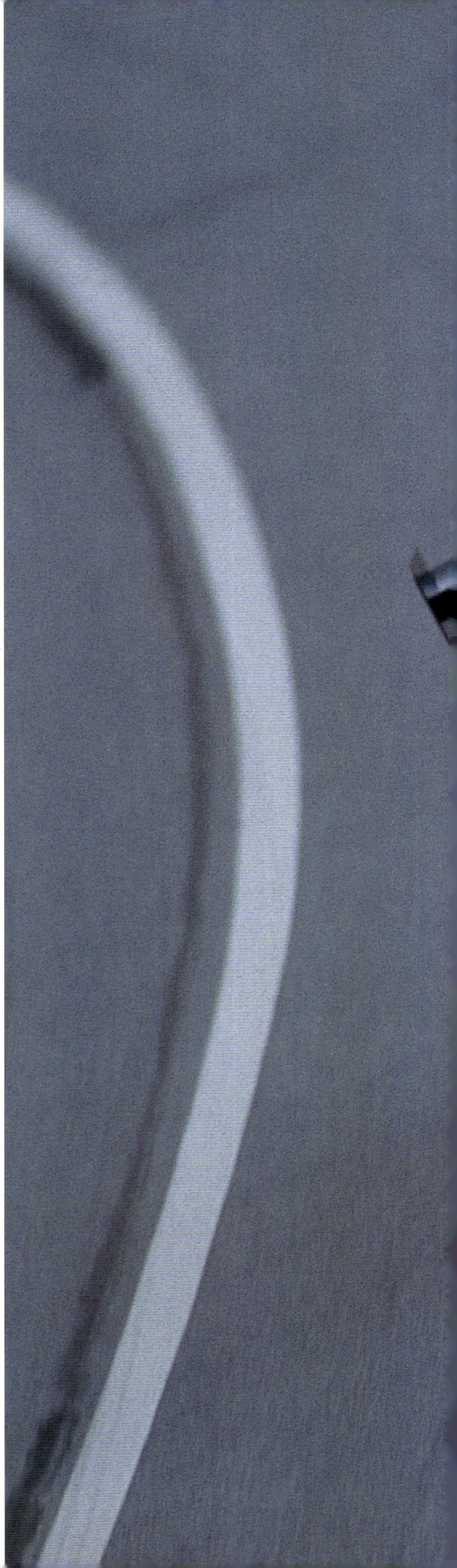

*Pirro*

*Biela*

Keine Sprinkler-Anlage, sondern ganz altmodischer Regen: Herbsttage auf jener wunderbaren Rennstrecke in Mitteleuropa, wo nur die hinfanden, die hingebeten wurden. Das Auto sieht schon anders aus, denn inzwischen hatten die Le-Mans-Veranstalter signalisiert, daß ein hinterer Diffusor erlaubt sein würde. Innerhalb der unveränderten Maximallänge des Autos (4650 mm) mußte daher das Verhältnis zwischen vorderem und hinterem Überhang verschoben werden; anders gefragt: Wieviel können wir von der Nase wegschnipseln, um hinten einen ordentlichen Diffusor dranzumachen? Hier wird noch improvisiert: Mit Alublechteilen wird die existierende (Kunststoff)-Karosserie rasch verlängert, um schon erste Diffusorversionen testen zu können. Jedenfalls ist es der notwendige Schritt in die richtige Richtung des neuen Reglements.

*Kammergruber*

## Berlin

Wir gehen nach Le Mans, um zu gewinnen, sagte Audi-Chef Franz-Josef Paefgen vor der internationalen Presse. Berlin im Dezember 1998: Mit dieser Veranstaltung wurde die Dramaturgie des ganzen Projekts auf eine höhere Ebene geschoben. Alle, auch die eigenen Leute waren überrascht von der tapferen Ansage des Vorstehers, immerhin weiß jeder, daß es praktisch unmöglich ist, Le Mans gleich im ersten Anlauf zu gewinnen (Gegenbeispiele liegen in Zeiten zurück, als die Starterfelder viel dünner waren, der Zufall mehr Chancen hatte). Paefgen sagte jedenfalls, was Programm ist, und stand dazu, setzte somit die Latte und machte daran die Qualität des ganzen Einsatzes fest: Damit ab sofort jeder Einzelne wußte, woran er sich hochziehen sollte. Man wollte zu diesem Anlaß gleich den fahrenden Rennwagen vorführen, auch mitten im Winter, und das Ereignis sollte einen besonderen Touch haben, idealerweise wieder am Schnitt der Kraftlinien von Tradition und Zukunft. Da paßte die Location punktgenau: Das Velodrom in Berlin. Elegant wäre es natürlich gewesen, das ganze Oval der Arena zu nutzen, aber das ließ der geringe Bodenabstand des Renners nicht zu. So fährt der silberschwarze R8 eben auf der Innenbahn des Radstadions in sein öffentliches Leben, und der Chauffeur ist zugleich die Botschaft: Mit dem Franzosen Laurent Aiello wird das jüngste Fahrer-Engagement der Audi-Le-Mans-Truppe offiziell. Zwei Monate zuvor hatte man die Verpflichtung von Michéle Alboreto bekanntgegeben.

Charakterdarstel
Baustufe zwei. A
geworden, und d
gültige Regleme
lierte Luft darf nic
noch Kunststüc
mittels Diffusor. D
wird nie wieder c

*Testtage bestehen hauptsächlich aus dem langen Warten auf den nächsten Törn. Pirro hat fernmündlich die Frage aufgeworfen: Was taten Rennfahrer vor der Erfindung des Handys?*

*Das frische Jahr beginnt in Südfrankreich mit Antjes Wachparade: Könnt ihr mich auch alle hören?*

*Sobald jeder den richtigen Helm genommen hat, ist die Reihenfolge von links: Aiello, Muller, Alboreto, Capello, Pirro, Biela*

neuer Rolle, aber die Techniker würden eher sagen: nem Langschnauzer ist ein kurznasiger Langhecker ınze Karosseriekontur wurde abgesenkt, um das nun end- ·rnünftig nützen zu können. Die vom Wagenboden inha- nfach abhauen, sondern muß am letzten Zipfel des Autos ·llbringen: Optimierung des Abtriebs an der Hinterachse bt höhere Stabilität im High-Speed-Bereich, und der Wind eiche sein wie in den frühen Tagen.

Das Lenkrad und die Nabelschnur. Immer mehr elektrische Funktionen werden hier geschaltet, von der Funkverbindung mit dem Renningenieur bis zum Einhalten des Tempolimits in der Boxengasse. Spiralkabel und ein einziger Stecker am Armaturenbrett stellen die Verbindung zum Kabelbaum des Fahrzeugs her. In Baustufe 2 wurden die Gänge noch konventionell über den Knüppel gewechselt, später wurde am Roadster über die berühmten zwei Wippen hinter dem Lenkrad geschaltet. Stand der Kunst in der Cockpit-Informationstechnik ist das Multifunktions-Display mit menschenfreundlicher Menüführung. Das Standardbild am Monitor stellt den Drehzahlmesser als breiter werdendes Strichband dar, darunter sind ein paar Grunddaten eingeblendet. Aus einem zwölfgängigen Menü sind aber jederzeit alle denkbaren zusätzlichen Daten abrufbar. Im Lauf der R8-Tests wurden mehrere Lenkradformen ausprobiert, hier die oben offene Version. Welche Form auch immer zwischen Gouvernal und Schmetterling: Das gute alte kreisrunde Lenkrad kommt im Rennsport kaum noch vor.

REV
0000
13.1
P22_5
0969
MAP
1
! OIL PRESSURE TOO

Paul Ricard war die logische Testrecke in den frühen Tagen von 1999. Von allen Rennstrecken läßt sich hier noch am ehesten eine Ähnlichkeit zu Le Mans ableiten, schon wegen der Mistral-Geraden, immerhin fast halb so lang wie die mit zwei Schikanen aufgelockerte Hunaudières.

Zwei improvisierte Schikanen sollten das Le-Mans-Feeling vertiefen: Runterbremsen aus 300+, durchwedeln und volle Lotte. Wegen des gemeinsamen Partners Michelin wurden Termine gern mit denen von Toyota und BMW zusammengelegt. Umblättern eröffnet Garagen-Idylle: Ricard erlaubt Testen bis 22:00 Uhr und Schrauben bis ewig.

Close the Door
Bitte Türe immer Schließen
POLE

Zwölf Stunden in Amerika.

Sebring, das war immer die Geschichte von den besseren Zeiten und den geileren Autos und als Männer noch Männer waren. Hier bauten die Amerikaner im Krieg eine Piste für ihr Fliegertraining, danach hat sich nimmer viel geändert. So ist das Rennen heute eines der liebenswertesten Relikte im großen Motorsport, lockt aber noch immer Spitzenbeteiligung aus den USA und Europa im März nach Florida. Für Audi war es die einzige Chance, den R8 vor Le Mans noch in einem echten Bewerb zu erproben.

77

Das Le-Mans-Fahrerteam wurde immer konkreter, wenn auch Sebring noch Improvisationen erforderte, weil etwa Aiello nicht verfügbar war. Als Kerntruppe standen ja die ständigen Audi-Fahrer der jüngsten Jahre fest, also Frank Biela (schon im neunten Jahr beim richtigen Verein), Emanuele Pirro und Rinaldo Capello (beide seit fünf Jahren im Kader). Dazu war bereits vor einiger Zeit Michele Alboreto verpflichtet worden. Nun holte man zwei Sebring-Erfahrene dazu, schon um nicht das volle Lehrgeld für diese exotische und etwas aus dem Rahmen fallende Rennstrecke zahlen zu müssen: Stefan Johansson und Perry McCarthy. Die Teamarbeit lief schon so, wie man sich das für den Ernstfall vorstellte: Die verantwortlichen Fahrzeugingenieure waren bestellt, Chefmechaniker und Mechaniker fix zugeordnet.

*oben:*
*Pirro*
*unten links:*
*McCarthy*
*unten rechts:*
*Capello*

Einmal Umblättern führt uns zur Krälingschen Stilstudie „Liebe zum Detail", zur Schönheit der atmenden Rippen und schnabelförmig gezogener Lufteinlässe, zu denen sie im Race-Pidgin Naca sagen. Sie sind ungefähr das Gegenteil von Schnorcheln, schlüpfen also aerodynamisch verträglich in die Karosserie und sind ideal für das Einziehen von Ansaugluft oder, bei Coupés, Frischluft für das Cockpit. Man sieht auch die tapferen Versuche, in Baustufe 2 des R8 einen Audi-Grill unterzubringen, ohne sich deswegen unfreundliche Strömungen einzuhandeln. Letztlich hat der Kompromiß dann wenigstens eine recht prominente Location für das Logo ergeben. Das Farbenspiel zwischen Silber und Schwarz nähert sich schon der ultimativen Abstimmung: Schwarz betont die Seitenkonturen und läßt die Audi-Rundungen vortreten, außerdem würde Silber an diesen Flächen allzu merklich verdrecken. Die Messungen für den Bodenabstand werden sich etwa bei einem Mittelmaß von 45 Millimeter für die Le-Mans-Konfiguration einpendeln, für die Fugen der Sebringschen Betonplatten muß es deutlich mehr sein.

*oben: Biela*
*unten links: Johansson*
*unten rechts: Alboreto*

Die Aerodynamiker kennen tausend Gründe, warum es so schwierig ist, bei einem Rennwagen in all seiner Kompromißlosigkeit ein paar stilistische Liebespfänder aus dem vertrauten Erscheinungsbild der Marke unterzubringen. Im Vorfeld von Sebring entstand auch ein Breitmaulfrosch, der aber bei der internen Schönheitskonkurrenz durchfiel. Indes wurden die vier Ringe aufs

Arai

Arai
sparco
Audi Sport

Die Choreographie des Fahrerwechsels übt sich am effektivsten innerhalb der Ernsthaftigkeit eines Rennens wie Sebring. Die jeweils Drei eines Wagens müssen allerdings mit einem gemeinsamen Lenkrad zurechtkommen (normal würde man die Tiefe des Lenkradtopfes individuell feinjustieren, wegen der vielen Zusatzfunktionen am Lenkrad und der mehrmaligen Fahrerwechsel wäre das für Le Mans aber zu heikel). Versuche, auch bei den Sitzen eine Ökonomie der beweglichen Teile einzuführen, brachten ein Leider-Nein-Ergebnis: Zu unterschiedlich sind die Sitzpositionen sogar von Fahrern ähnlicher Statur. Also nahm jeder Pilot seinen eigenen Sitz mit, das war eine ausgeschäumte Schale, die in das Monocoque eingepaßt war wie ein Badewanneneinsatz. Durch bloßes Hineinschieben ergab sich eine starre Fixierung, ohne daß der Sitz mit dem Monocoque verschraubt gewesen wäre. Anderseits konnte das Ding vom heraussspringenden Fahrer wieder leicht nach oben weggezogen werden.

MICHELIN
LE MANS
MICHELIN

Sebring ist die geografische Mitte Floridas. Zum Meer sind es anderthalb Stunden, egal ob links oder rechts. Brettebenes Land, eigentlich fad, außer du hast Orangen über die Maßen gern. Die Boxen sehen aus wie Kulissen für einen Bogdanovich-Film, da denken die Alten an die freie Liebe im Motorsport, als alles noch nicht so gnadenlos ernsthaft war. Die Jungen halten sich keine Hundertstelsekunde mit Sentimentalitäten auf, und die alte Waschrumpel mit ihren Betonfugen reduziert sich zum Problem der Fahrwerkabstimmung. Für Audi gab es in Sebring eine gute und eine schlechte Nachricht. Die schlechte besagte, daß zwei Sekunden auf die Schnellsten (das waren die BMW) fehlten, und die gegenüber Le Mans untypischen Bumps auf der Piste waren da nur ein halber Trost. Immerhin lief es im Rennen schon besser als im Training, und über den dritten Platz des Alboreto/Capello/Johansson-Gespanns kam dann sogar echte Freude auf. Die gute Nachricht ergab sich aus dem Montag und Dienstag nach dem Rennen: Da hatte man die Strecke gemietet und das 12-Stunden-Rennen im Alleingang auf 24 Stunden gedehnt. Im Dauerlauf wurden die Rundenzeiten immer ordentlicher, die Fahrer wuchsen immer besser in ihre Cockpits hinein. Ein Wagen beendete klaglos die volle Distanz, der zweite blieb knapp vor Ende mit Getriebedefekt liegen. So flogen die Jungs mit gemischten Gefühlen heim, alle aber waren heilfroh, daß man die Chance der Sebring-Generalprobe ergriffen hatte.

*Sebring: Johansson, Alboreto*

Audi Sport
9
infineon
technologies
7
MICHELIN

Zwei Konzepte und ein Mann, der dafür gerade steht. Als Chef von Audi Sport hatte Wolfgang Ullrich während der Planungs- und Aufbauphase die zwischendurch leicht veränderlichen Vor- und Nachteile der zwei grundsätzlichen Le-Mans-Konzepte abzuwägen: Roadster oder Coupé. Es ist tiefes Eintauchen ins Kleingedruckte der Schriftgelehrten vom Automobil Club de l'Ouest. Die Offenen heißen offiziell LM-P (Le Mans Prototypen), die Geschlossenen laufen als LM-GTP (Le Mans GT-Prototypen). Mit den aus der früheren GT1-Kategorie kommenden Wagen traf ein junges, umstrittenes Regelwerk mit einer Liga zusammen, die in Le Mans über viele Jahre zu großer Raffinesse im Detail gewachsen war. Der Rennverlauf von Le Mans 1999 hat dann letztlich bestätigt, daß beide Konzepte siegfähig waren, wie sich die Erfinder das natürlich gewünscht hatten, aber solche Klarheit war in den Monaten davor schwer vorauszuahnen gewesen. Audi hatte sich grundsätzlich für ein Vier-Auto-Team entschieden, und im September 1998 wurde die Risikoverteilung auf zwei Konzepte beschlossen. Auch im eigenen Haus mußte das nicht jeder toll finden, und es war wichtig, nicht den Begriff des „Gegenautos" aufkommen zu lassen, statt dessen: Zwei Wege zu einem Ziel. Das große Bild nimmt den Stand von April 1999 vorweg: Der Roadster in seiner Baustufe 3 (nun wieder mit einer Art von „TT Augen") neben dem R8 Coupé. Das Nebeneinander läßt die wesentlichen Konsequenzen der Bauweisen ahnen: Der perfekte Querschnitt der homogeneren Form sollte das Coupé besser im Wind laufen und eine höhere Spitze erreichen lassen, ein paar Regel-Komplikationen verwischen den Vorteil, die Frage ist nur: Wie sehr?

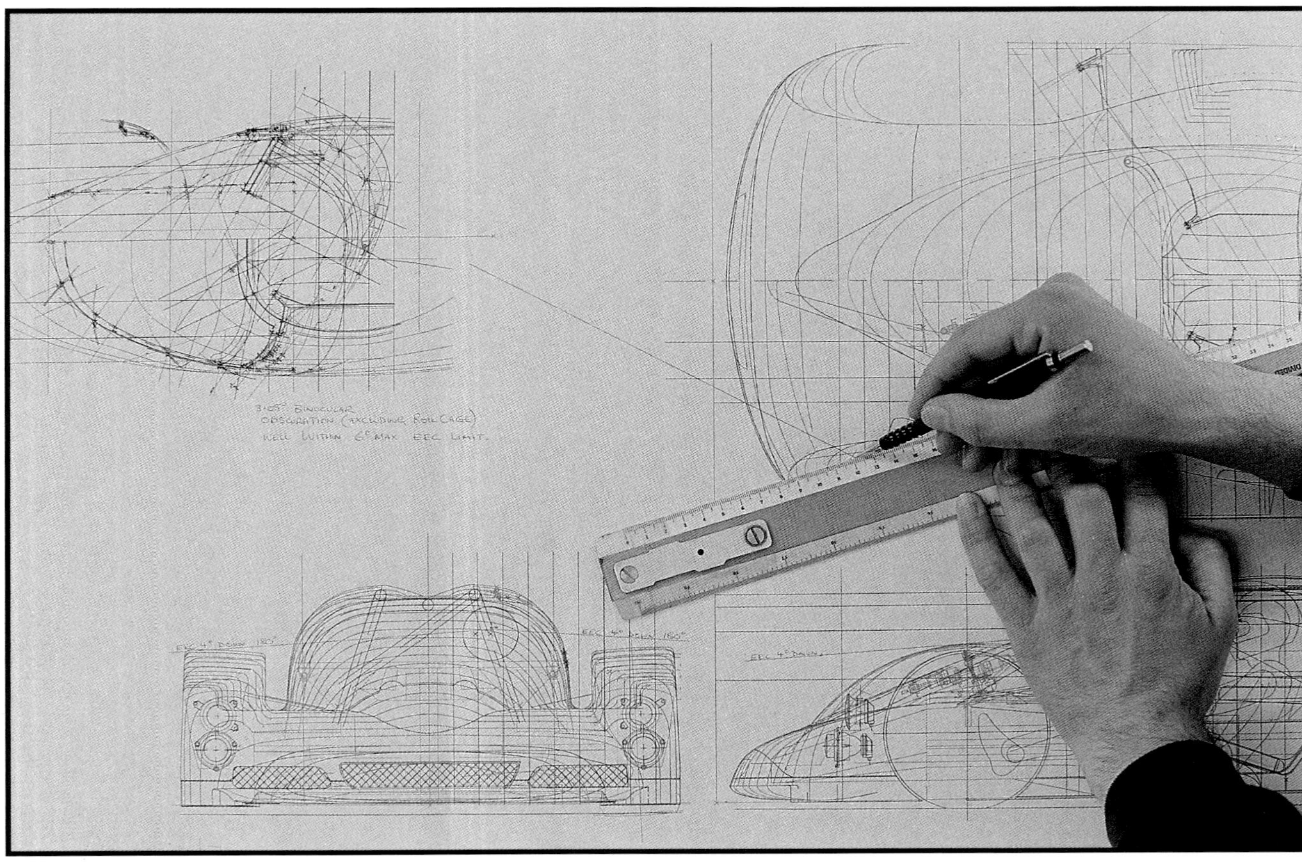

Der Sinn des R8-Coupés konnte nur darin liegen, die Möglichkeiten der GT-Bauform in ihren Extremen auch tatsächlich auszureizen. Um die vom Reglement vorgegebenen Mindestkonturen wurde mit den engstmöglichen Linien eine Autoform geschaffen. Als Konsequenz der minimalen Querschnittsfläche ergab sich beispielsweise der tiefe Einschnitt zwischen Kuppel und Rad. Dieses Tal zieht sich seitlich den ganzen Radkasten entlang und läuft hinten aus, derart läßt sich ein gewisser Lufstrom durchziehen, den man nicht nach oben wegdrängen muß. Hauptverantwortlich für das aerodynamische Konzept war Tony Southgate, die extreme Form führt dann auch zu einem optisch aufregenden Auto. Unter der Projektleitung von Audi Sport fand die Entwicklung des Coupés in England bei der Audi-Tochter rtn (racing technology norfolk) statt. Von der Technik her waren Coupé und Roadster weitgehend identisch und natürlich wurden soviel Gleichteile wie möglich verwendet. Das betraf jedenfalls den kompletten Hinterwagenbereich ab Cockpit-Rückwand. Das GT-Basiskonzept mit Monocoque und Außenform mußte in einem extrem engen Zeitplan umgesetzt werden. Diesen Druck hatte man auf beiden Seiten des Kanals sehenden Auges akzeptiert, was aber nichts dran änderte, daß sich am Ende alle mehr Spielraum für die Feinabstimmung gewünscht hätten.

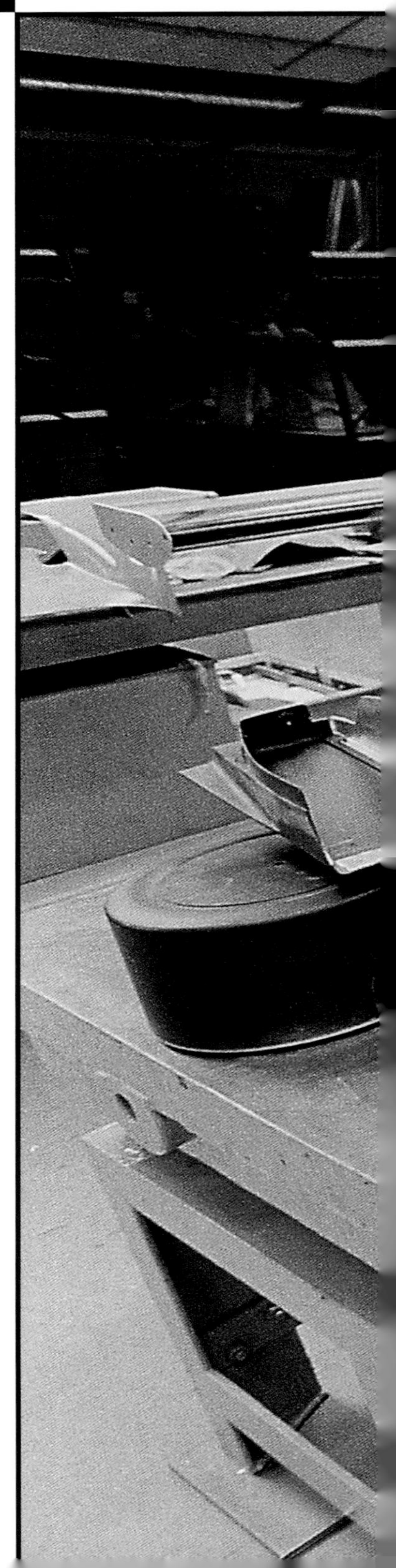

*Eine eigene Kunst in allen Finessen: Wieder durchläuft ein R8 im Modellbau alle Stufen der Windkanalarbeit, wobei es nicht nur um die Außenhaut geht, sondern um das möglichst komplette Gerät (großes Bild) mit allen Details wie im fertigen Rennauto, mit Luftkanälen und Kühlern und Radaufhängungsteilen.*

*Die Ausstattung der englischen Audi-Tochter ermöglicht hohe Fertigungstiefe für die gegenüber dem Roadster unterschiedlichen Teile. Das betrifft etwa die Radaufhängungen der Vorderachse und das Monocoque. Auch die Carbonfiberteile der Karosserie werden im eigenen Autoklaven gebacken.*

Ein paar Hinweise zum Thema, wie der Rest vom Auto an die Monocoque-Zellstruktur dranwächst, diesmal in England. Schmalere Radlaufverkleidungen, zu denen unsereins einfach Kotflügel sagen würde, werden eine optisch gewichtige Unterscheidung des Coupés zur Roadster-Bauweise ergeben. Beim Aufbau sind auch schon Männer aus der späteren Rennmechaniker-Crew dabei, die somit das Auto von der Pike auf kennenlernen. Das obere Regal auf dem großen Bild der rechten Seite hält eine verpackte und eine nackte Crash-Nase zur alsbaldigen Vernichtung parat. Tatsächlich gibt es nach dem Vorbild der Formel 1 ein Crashtest-Programm auch für Le-Mans-Autos. Seitlich wird die Aufnahme gewaltiger Kräfte bei unversehrtem Monocoque verlangt (welch erstaunliche Elastizität bei aller Steifigkeit!), frontal muß die gecrashte Nase ein genormtes Maß an Verzögerung erbringen. Getestet wird mit Hilfe einer Schlittenkonstruktion aus einer schiefen Ebene gegen eine Stahlwand, und nach dem Knall muß sich die demolierte Nase problemlos vom intakt gebliebenen Monocoque lösen lassen.

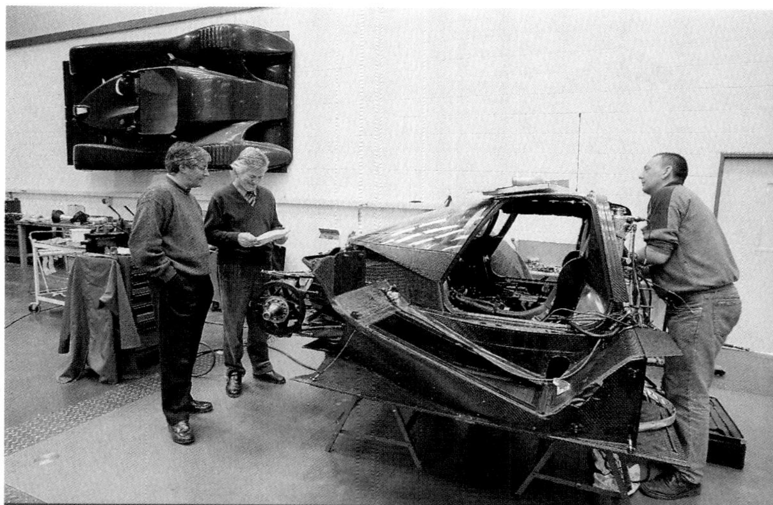

Roll-out des R8C, wie Audis GT-Prototyp ab nun heißen wird, im April 1999 in Snetterton. Das klingt nach einem dramatisch knappen Fahrplan, und der wird sich im Lauf der Coupé-Karriere nicht mehr entspannen. Euphorische Beschreibungen erster Testläufe sind immerhin hilfreich. Bei den ersten Anlässen wird der Wagen in der Nacktheit seiner Kohlefaser freigelassen, unlackiert, was nach einer smarten Designer-Idee aussieht. Die offene Tür ist durch die Breite des Seitenkastens zu einer ungewöhnlichen Skulptur geworden.

*Gass, Ullrich, Abt*

*Southgate, Elleray*

Aaahh, diese betörende Schönheit von knapp fünf Metern fließender Aerodynamik: Wie der Wind über das Cockpit läuft und langen sauberen Auslauf über den Heckdeckel findet. Entscheidend für den flachen Ansatz des Vorderwagens war eine neue Raumordnung, die eine Verlegung der Wasserkühler in die Seitenkästen im Türbereich vorsah. Die GT-Karosserie darf laut Reglement um fünfzehn Zentimeter länger sein als die eines offenen Autos.

infineon
MICHELIN

Pre-Qualifying, Anfang Mai 1999: Und nun wirklich LE MANS. Echtzeit. Echtmaterial. Die erste Begegnung am Ende aller Hochrechnungen. Es wird alles ein bißchen anders sein als du es erwartest hast, du weißt bloß nicht: Wie anders? Alle vier Audis werden pro-

blemlos von den ACO-Technikern freigegeben, wobei die Diskussion über Auslegungsfragen bei den Coupés natürlich länger dauert, sie schrammen eher an den Grenzen des Reglements als die Roadster. Die Vorqualifikation selbst läuft auch locker. Die R8 sind mit allen denkbaren Sensoren bestückt, dies ist ja die einzige Möglichkeit, Realdaten von der Strecke aufzusaugen.

*Joest*

*Lloyd*

Reinhold Joest hat ein Gutteil seiner Teamchef-Karriere mit dem Mythos Le Mans verknüpft und ist als Erfolgreichster seines Fachs selbst Teil des Mythos geworden: DIE Autorität in Sachen Präzision und Vorbereitung und Renntaktik. Team Joest war der erste Wunschpartner für Audi Sport. In England besteht seit vier Jahren eine erfolgreiche Partnerschaft mit Richard Lloyd, die nun ganz logisch erweitert wurde, zumal Lloyd auch ein erfolgreicher Le-Mans-Mann ist, er wurde als Fahrer 1985 Zweiter.

RITUALE VON LE MANS, Teil 1, Technische Abnahme: Die Rennwagen erweisen dem Publikum die Ehre und gehen in die Mitte der Stadt, und die Menschen können ganz nahe ran, wie es überhaupt zur Idee von Le Mans gehört, sich nicht abzuschotten. Auf der Place des Jacobins, neben der hochragenden Zitadelle der Stadt, läuft diese seltsame Mischung vom Jahrmarkt der fröhlichen Menge und dem strengen Ablauf der Technischen Abnahme durch die Kommissare des ACO. Die Beharrlichkeit in der Durchsetzung einer eigenen technischen Norm, unbeeinflußt von Mode und FIA, hat ja überhaupt den Status von Le Mans auch in den modernen Tagen gesichert. Dann das offizielle Posieren jedes Teams vor der Rampe der Medienleute, und als die beiden Audi-Teams belichtet waren, holte man noch einmal beide zusammen, die vom Team Joest und Audi UK: Dies also ist die Premiere beider Wagen-Grundkonzepte innerhalb einer gemeinsamen Le-Mans Werksmannschaft.

*Theys, Pirro, Biela*

RITUALE, TEIL 2, La Grande Parade: Le Mans, das ist eine Stadt, eine Region, ein Rennen, und Lebensgefühl für ein unglaubliches Wochenende. Einer der Fixpunkte im Ablauf ist die Freitagsparade im Zentrum der Stadt. Auf klassischen Autos werden die Rennfahrer durch die Straßen geführt, es ist jener Motorsport zum Anfassen, wie er viel zu selten realisierbar ist. Die Fans wissen es zu schätzen, so gehört etwa ganz besonders bei den britischen Sportsfreunden die Reise an die Sarthe zu den Fixpunkten des Frühsommers. Natürlich würden sie lieber über Jaguar, Bentley oder Aston Martin jubeln, aber immerhin halten sie Le Mans auch dann die Treue, wenn die britischen Hersteller fehlen. Kein Wunder indes, daß die Zahl der deutschen Schlachtenbummler in jüngster Zeit dramatisch im Ansteigen ist.

*Capello, Alboreto, Aiello*

*Joest, Aiello, Alboreto, Biela, Capello, Pirro, Theys, Ullrich, Weaver, Wallace, Ortelli, McCartny. Johansson, Abt, Lloyd*

Zweitausend Journalisten! Die Medien honorieren die Rekordbeteiligung von 18 Werkswagen durch sieben Hersteller (Audi, BMW, Mercedes, Nissan, Panoz, Toyota, Chrysler) neben Privatteams der feinsten Adressen. In zwei Audi-Pressekonferenzen am Vortag des Starts drehen sich die meisten Fragen um das Thema der beiden Wagenkonzepte, nach deren Vor- und Nachteilen, und ob schon ein frühes Licht der Erkenntnis aufgegangen sei. Mitnichten. Einer, der dazu aufzeigt, ist der belgische Journalist Paul Frère, mit 82 der hochverehrte Doyen seines Berufsstands, der auf den diversen Versuchsstrecken auch heute noch gern seiner Enkelgeneration zeigt, wo der Hammer hängt. Denn die wirklich Großen verlernen's nie: Paul Frère hat genau 39 Jahre zuvor die „24 Heures" von Le Mans gewonnen, auf einem Ferrari Testa Rossa.

*Frère*

Das Fahrerlager ist die Wagenburg der Asphalt-Cowboys, obwohl man ehrlich sagen muß, daß es mit der Romantik nicht so weit her ist: Die Verlängerung der Boxen nach hinten hinaus ergibt Werkstatt und Depot wie daheim, bloß in raffiniert gequetschter Raumordnung

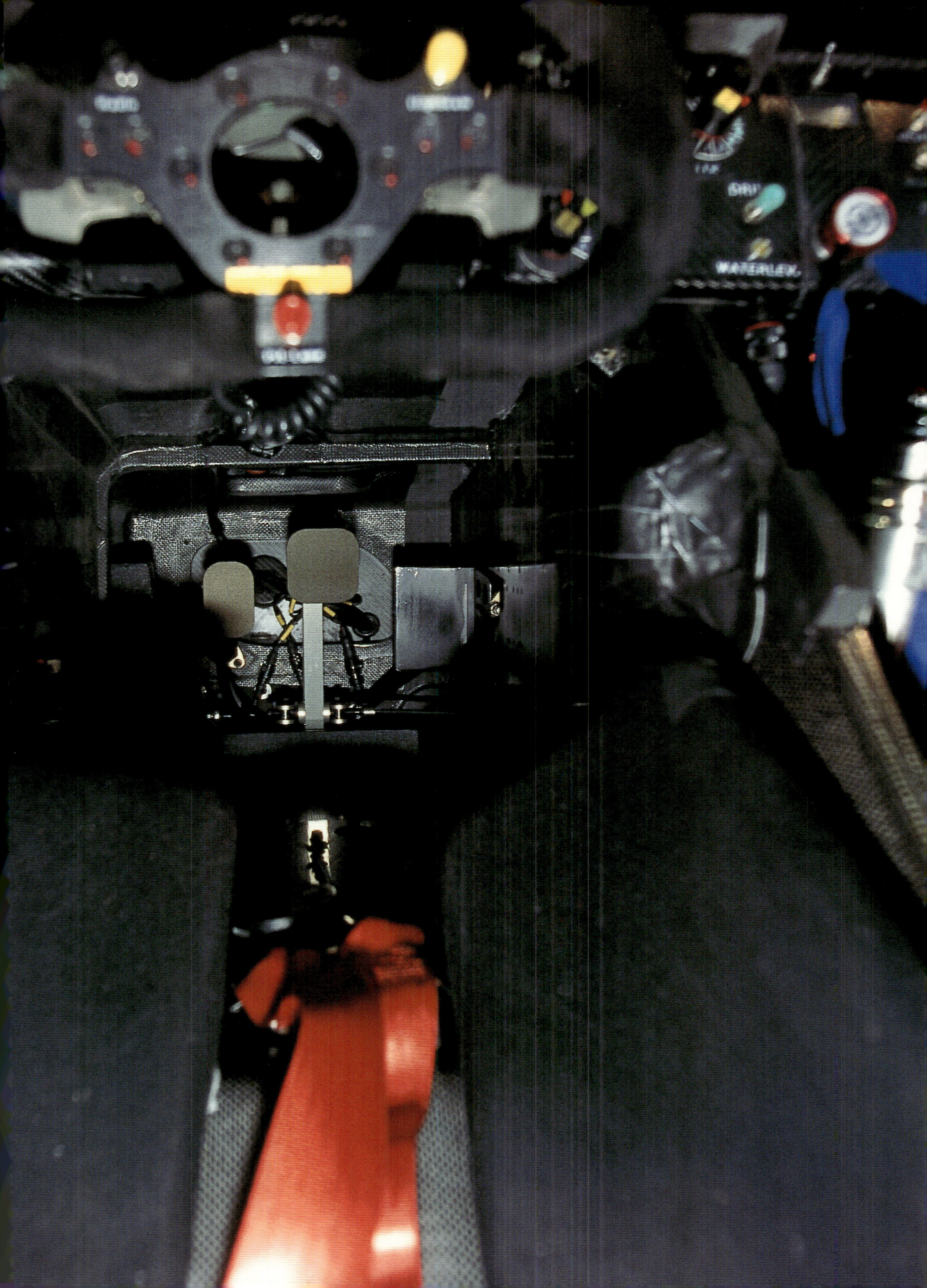
WATERLEX.

Die am Computer schon längst ausgeheckte Simulation der Gangsprünge erlebt nach den Trainings-Sessions ihre aktuelle Anpassung an die Praxis. Es stehen rund 19.000 Schaltvorgänge bevor.

in Langstreckenrennen wird auf der Bremse und im Getriebe gewonnen, gen die alten Füchse. Gilt das uch noch im modernen Kohlefaserzeitalter?

eschmiedete O.Z.-Achtzehnzöller aus Magnesium, bei den offenen Prototypen dürfen sie breiter sein (bis 14,5 Zoll) als bei den schlossenen. Auf dem Speiseplan pro Auto stehen 60 Reifen.

*Abt, Ortelli, Johansson*

Der Nabel des Motorsports an einem Wochenende im Juni. Die Dramaturgie des Samstags erfrischt uns seit den Morgenstunden mit einem Hochfahren der Emotionen, die sich hier viel unbefangener auskosten lassen können als etwa in der Hektik eines Grand Prix. Der süße Wahnsinn, gespeist aus der Legende der frühen Jahre, ist jederzeit abrufbar in allen modernen Verkleidungen. Als Zuschauer mußt du dich nur reinfallen lassen, easy und entspannt. Le Mans ist ein Mittsommernachtsfest für eine Viertelmillion Menschen, und es beginnt am hellen Tag.

## Der Tag beginnt ein zweites Mal um 16 Uhr

Es hat unheimlich lang gebraucht, bis es an diesem Tag Nachmittag geworden ist, und dann wird es noch einmal eine Ewigkeit dauern, bis es finster wird. Demut knabbert an hochfliegenden Zielen: Beim Finsterwerden noch dabei sein, ist der erste Wunsch in neuer Bescheidenheit.

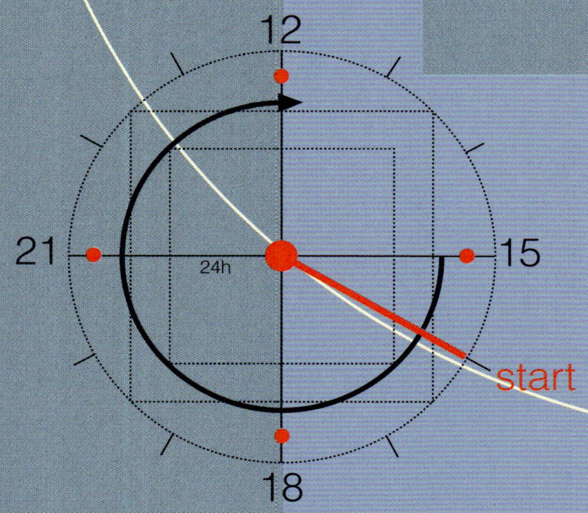

Vierundzwanzig Stunden, — da dachte man früher an den langen ruhigen Atem des Marathons, ans ausdauernde Umkreisen einer Rennstrecke, an die Belastungen durch die schiere Distanz und Pausenlosigkeit. Heute ist die Langstrecke eine Summe vieler einzelner Sprintrennen, und am deutlichsten spürbar ist dieser

Rhythmus in den schnellen Stunden des Nachmittags. Trotzdem: Jeder Fahrer kennt die Gefahr der zu schnellen Gangart speziell in der Pulverdampf-Atmosphäre der ersten Törns, jeder hat sich programmiert auf zumindest ein Quentchen Zurückhaltung, aber dann ist doch wieder diese unglaubliche Pace der Führenden. Die Audis fahren schnelle Runden, vermeiden aber Risiko beim Überholen und Überrunden.

Erfreuen wir uns noch der Schönheit der beiden Coupés, denn vielleicht wird das Vergnügen nicht so lange dauern wie erhofft: Die Perfektion der technisch-funktionalen Form, die vor allem aus der Draufsicht in der Pfeilform des Monocoques so schön rüberkommt, die Finesse der fließenden Linien mit dem konturierten Dach und den schmiegsamen Windbahnen an Cockpit und Seitenkästen.

*Pirro, Paefgen*

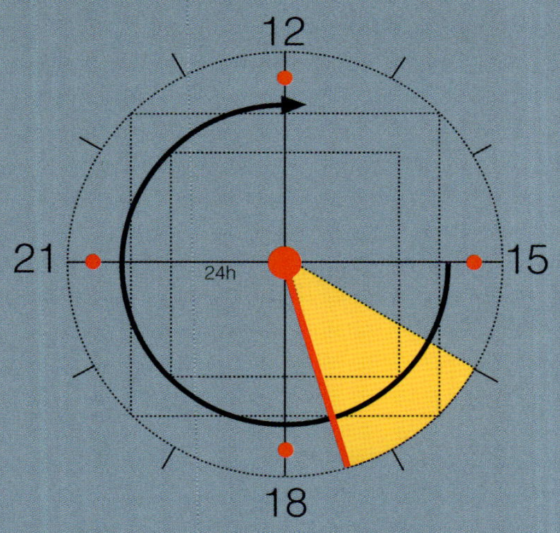


Heimkehr von der ersten Schicht. Startfahrer Michele Alboreto hat seine ersten beiden Törns hinter sich, die im internationalen Race-Slang nur „stints“ genannt werden. Das Wörterbuch nennt dafür „zugewiesene Arbeit“ oder eben „Schicht“, und ein Stint dauert in Le Mans immer so lang, wie eine Tankfüllung (90 Liter) es zuläßt. Im Normalfall ergibt das 12 oder 13 Runden, bei sensationell sensiblem Gasfuß sogar 14. Daraus errechnet sich im Schnitt eine dreiviertel Stunde pro Stint, und zwei Stints hintereinander sind die übliche Portion für den Piloten.

No news is good news, das gilt in außerordentlich hohem Maß für die ersten Stunden eines Langstreckenrennens, aber leider ist die Nachricht von beginnenden Getriebeproblemen bei den geschlossenen Autos schon auf der Welt: Nummer 9 und 10 sind gefährdet, und wegen des aerodynamischen Extrembaus sind die Coupés weniger servicefreundlich als die Roadster.

*oben: Mehrgardt, Nistl*
*mitte links: Basche, Ullrich*
*mitte rechts: Theys*
*unten: Aiello*

*Der Speed von Le Mans. Les Hunaudières, mit mehr als sechs Kilometer die längste Gerade irgendeiner Rennstrecke, wurde durch zwei Schikanen etwas schmiegsamer, damit ist auch die Vollgas-Athletik ein bißchen subtiler geworden. Man kommt Tempo 400 jetzt nicht mehr in die Nähe (Rekord 406 km/h aus dem Jahr 1989), empfindet aber auch 340 km/h als Top-Speed hinreichend flott. Dieses Tempo wird an zwei Stellen des Kurses erreicht. Vor Mulsanne und vor Indianapolis. Im Audi-Team sind die Coupés auf 345 km/h bei 6850/min übersetzt, die Offenen sind um etwa 10 km/h langsamer. Was die Audi-Piloten an ihren Fahrzeugen am meisten mögen, ist das sichere Feeling in den ganz schnellen Passagen. Was sie weniger schätzen, ist das Rausbeschleunigen aus langsamen Kurven, das kommt ihnen manchmal zäh vor, aber eigentlich sagen das alle Rennfahrer.*

Wie Frank Biela die für ihn aufregendste Stelle der Strecke empfindet: „Das ist die Passage nach dem Herausbeschleunigen von der langsamsten Kurve zum schnellsten Geläuf der Runde, also zwischen Mulsanne und Indianapolis: Unglaublich, wie schmal die Straße plötzlich wird, es ist ja eine normale zweispurige Landstraße mit einem schnellen Rechtsbogen, der voll geht. Es ist schwer, das mulmige Gefühl loszuwerden, kurz bevor du in den sechsten Gang schaltest, in die Kurve einbiegst und über eine leichte Kuppe fährst – und das auch noch mit vielen Bäumen auf beiden Seiten. Spätestens hier kapiert ein jeder, was Le Mans wirklich ist. Für die nächste, sehr schnelle, Rechtskurve muß man sich gleich wieder überwinden, weil man geradeaus auf die Leitplanke zufährt. Ein echtes Erlebnis! Zum Glück ist die Kurve leicht überhöht und geht daher schneller, als man am Anfang annimmt." Der hübsche Stuhl in Bielas Hand ist ein Wunderding hochfesten Leichtbaus: Kohlenfaserschale mit hart gewordenem Schaum nach den Körperkonturen.

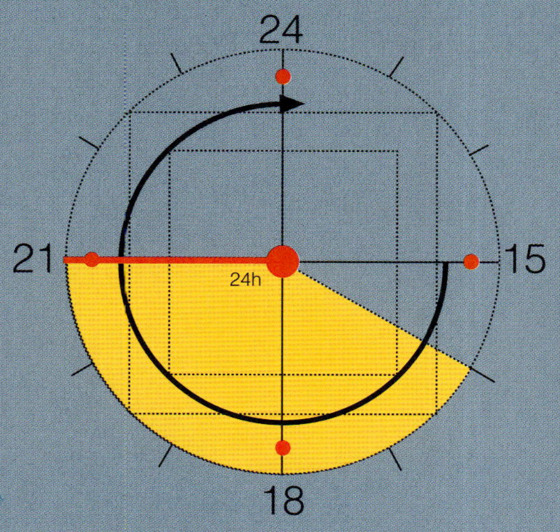

Auf der Suche nach dem Herzschlag von Le Mans: Michele Alboreto und „Dindo" Capello in ihren ersten Törns mit Silberfisch Nummer Sieben.

Shell
infineon
Audi Sport UK
9

oben:
McCarthy

Mitte:
Abt

unten:
Johansson

*links oben: Johansson, Abt* *links mitte: Wallace* *rechts oben: Ortelli* *unten: Abt*

Dann waren's nur noch nur Drei. Nummer 9 antwortet nicht mehr, und wenn, dann mit der falschen Nachricht. Das R8-Coupé von Abt/Johansson/Ortelli bleibt mit blockiertem Differential auf der Strecke. Auch auf den zweiten geschlossenen R8 würde man zu diesem Zeitpunkt keine hohen Wetten mehr abschließen, aber die Wahrheit läßt sich nur durch beherztes Weiterfahren herausfinden: McCarthy, Wallace und Weaver halten ihren Rhythmus und horchen auf die ultimativen Geräusche vom Zahnrad-Departement. Vorsorgliches Wechseln würde, anders als beim Roadster, unverhältnismäßig lang dauern.

*Southgate*

Es ist die Zeit nahe der Sommersonnenwende, und mit liebevoller Genauigkeit löst sich die Dämmerung in ihre Zwischentöne auf. Nach den Zeiteinheiten dieses Rennens dauert der Übergang vom Tag zur Nacht gute zwei Stints. Danach ist die Gewöhnung ans

Nachtfahren bei diesen Geschwindigkeiten von einem Mal aufs andere schwierig. Du knallst ins eigene Licht hinein, mußt erst das neue Gefühl für Distanz und Sicht gewinnen. Drum werden nachts im Audi-Team zumeist dreifache Törns gefahren, jeder Fahrer bleibt mehr als zwei Stunden am Volant, nützt den endlich gewonnenen Rhythmus. Capello wird dann draufkommen, daß ihm das noch immer nicht genügt und gleich vier Stints draußenbleiben, „Aiello soll sich ausschlafen", und der ausgeschlafene Aiello wird dann seinerseits vier Nacht-Törns fordern. Da haben die beiden R8R schon längst die Position getauscht: Die anfangs schnellere Nummer sieben wechselte nach Schaltproblemen den Hinterwagen und ist seither hinter Biela/Pirro (folgende Doppelseite)/Theys.

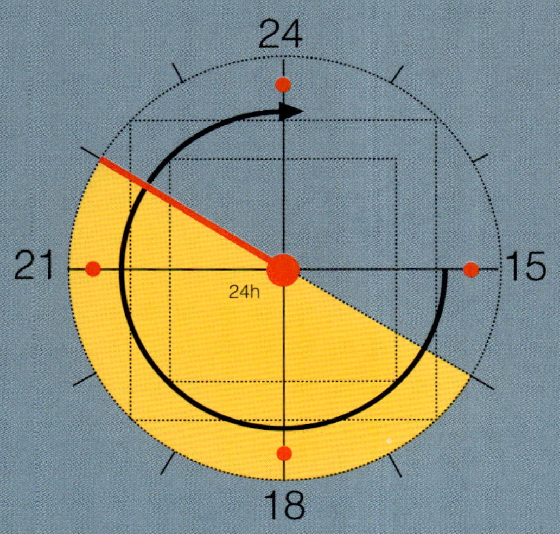

8
7

Audi Sport
Team Joest
F. Biela
E. Pirro
D. Theys
7
SOMAGUE
8

Man hat die Langstreckenrennen nach und nach sterben las

von Le Mans wie eine rare, kostbare Erinnerung an di

sen. Es gibt nur noch wenige ihrer Art, und so ragt die Nacht

Pulverdampf-Epoche herüber in den modernen Motorsport.

Die heißen Ohren des Wolfgang Ullrich. Der Chef von Audi Sport hat am linken Kopfhörer die Roadster und deren Betreuung, also Team Joest, an der rechten Muschel das Team von Audi UK mit den Coupés. Zu den Fahrern draußen auf der Strecke läuft der Funk aber ausschließlich über den zuständigen Fahrzeugingenieur, auch in nicht-technischen Fragen der Taktik und Befindlichkeit. So entwickelt sich eine Routine der Geläufigkeit in knappster und effizientester Verständigung. Das Tauschen großer Module ist zumeist die rascheste Art zur Lösung auch eines nur lokalen Problems. Ein Hinterwagenwechsel beim Alboreto-Wagen ließ sich in gut fünf Minuten bewerkstelligen, Roadster Nummer Acht konnte auf die Dramatik solcher Situationen verzichten.

Die Qualität des gepflegten Boxenstopps beginnt mit einer 25-Sekunden-Nummer (nur Betanken, knapp 90 Liter). Bei jedem zweiten Stopp werden auch die Reifen gewechselt, damit darf aber erst nach Beendigung des Tankvorgangs begonnen werden. Die Bestzeit einer Audi-Crew für den Kombi-Stopp lag bei 45 Sekunden, diese Zeit muß auch für den Fahrerwechsel reichen. Mit Sitztausch und dem doch eher komplizierten Anschnallen ist das nicht wirklich üppig, aber bei ordentlich ausgetüftelter Choreographie klappt es. Überhaupt gab es bei keinem einzigen Audi-Boxenstopp einen Ausrutscher.

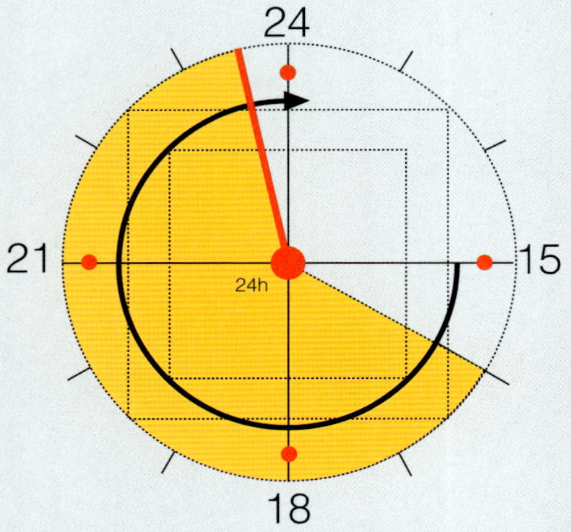

MICHELIN

AIELLO
50

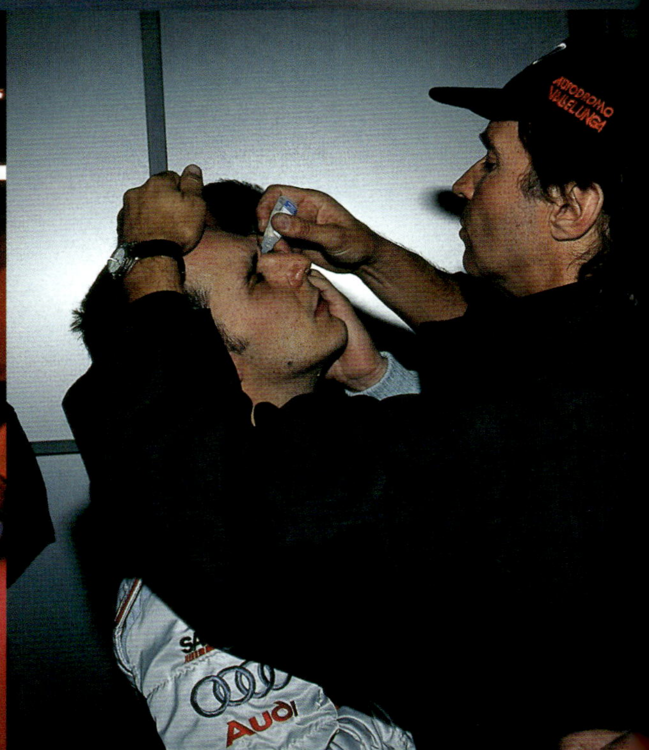

*Capello in Nummer Sieben, Pirro in Nummer Acht, Aiello und Doktor John*

Gute Nacht: Die beiden Roadster in Bestform. Motoren und auch Fahrzeuge selbst sind wetterfühlig, reagieren mit unterschiedlicher Lust auf Tag und Nacht. Details wie Ladelufttemperatur können in der Umsetzung auf die Motorleistung eine Rolle spielen, beim einen mehr, beim anderen weniger. Ohnedies wird nachts eine andere Reifenmischung verwendet, was wiederum das ganze Setup in Nuancen beeinflussen mag. Jedenfalls fühlen sich die beiden R8R äußerst wohl im Finstern und fahren in etwa die gleichen Rundenzeiten wie die führenden Toyota und BMW. Nummer Sieben (Biela/Pirro/Theys) beginnt jetzt den Kampf um den dritten Platz. Der Alboreto/Aiello/Capello-Wagen kommt von weiter hinten und verkleinert stetig den Rückstand, der von den beiden ungewollten Boxenstopps der frühen Phase herrührt (Diffusorwechsel nach

*Biela, Pirro in Nummer Acht*

Randstein-Akrobatik, um den Crash mit einem Überrundeten zu vermeiden, dann der Hinterwagenwechsel nach Schaltproblemen). Jedenfalls rückt Nummer Acht in den Nachtstunden von Rang zehn auf fünf vor. Glühendes Symbol der Marathon-Nacht von Le Mans sind die Bremsscheiben, anderswo in Europa sind solche Bilder in der Kategorie der großvolumigen Autos überhaupt nicht mehr zu sehen. Die Performance der Carbonbremsen ist unglaublich, sowohl im Hauptjob der Verzögerung als auch in der Tugend der Ausdauer: Der Achter-Wagen fuhr mit einem einzigen Satz Bremsscheiben und -belägen das ganze Rennen durch, am anderen Roadster wurde einmal gewechselt. Man wundert sich bloß, wo der ganze Kohlestaub herkommt.

Audi Sport
24 HEURES DU MANS 99
10
Audi Sport
Team Joest
PEUGEOT
LE MANS
374
153
123

Der verbliebene R8C wird die Nacht in gutem Stil hinter sich bringen, aber am Ende wird es doch nur ein 17-Stunden-Rennen sein. Der Vergleich zweier Bauarten, die grundsätzlich durch Aerodynamik, dazu aber auch durch ein Geflecht von Regeln definiert werden, konnte nicht voll durchgespielt werden. Die Entscheidung fiel nicht durch Vor- oder Nachteile eines Konzepts, sondern im Knirschbereich der Getriebe. Die Coupés wurden rein mechanisch, die Roadster über Wippe und pneumatische Umsetzung geschaltet. Es siegte die Wippe, zumindest unter den Umständen von Hier und Jetzt, auch unter den Vorzeichen der unterschiedlich langen Aufbau- und Erprobungszeiten von R und C.

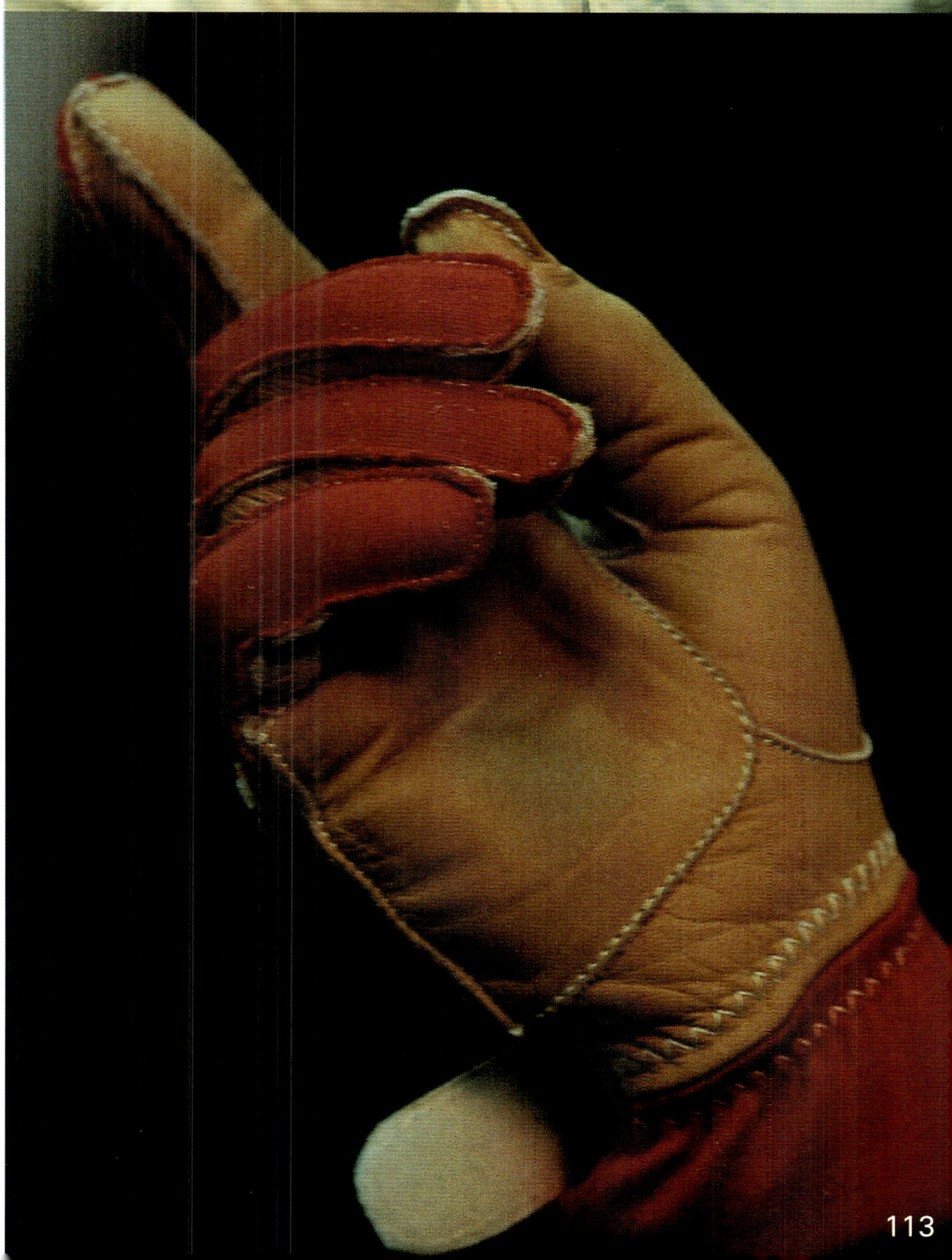

*Hausner*

*Hasenbichler*

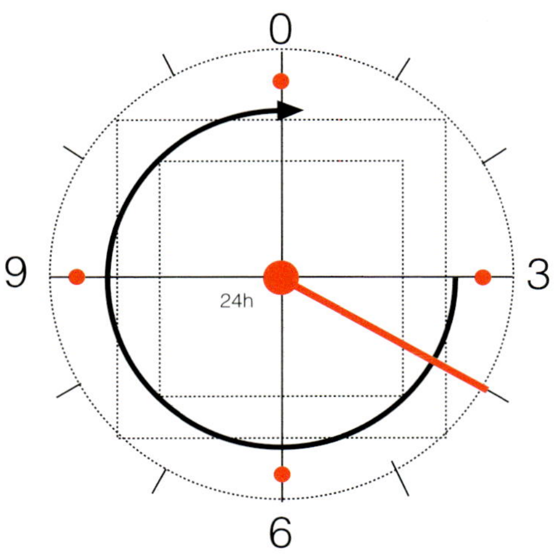


Die kleinen Stunden von Le Mans. Alles dauert schon so lang, alles ist überfällig, die normalen Speicher sind längst geleert. Die Autos haben zweieinhalbtausend Extremkilometer in den Knochen, und dann kommt dir zu Bewußtsein: Dies ist erst Halbzeit, und alles geht von vorne los — noch einmal die Distanz

*Basche*

*rechts oben: Heer*

*zweites Bild von oben: Meißler*

von sieben oder acht Formel-1-Rennen. Dies ist der Punkt, wo die Zeit stehenbleibt. Nur die geschundenen Autos kriegen immer neue Hiebe, aber das Ziel will nicht näherkommen. Während sie draußen Runde für Runde jenseits von 200 km/h Schnitt fahren, entdecken drinnen alle die Langsamkeit. Die nichtbeschäftigten Fahrer könnten die Zeit nutzen, in ihren Kojen im hinteren Bereich des Fahrerlagers drei Stunden Schlaf zu finden, aber außer Aiello hat keiner den Nerv dazu. Dafür ist der Franzose dann seinerseits kaum aus dem Auto zu kriegen, fährt ab 02:02 Uhr vier Stints bis in den hellen Tag. Ansonst bringen die Fahrer in ihrer Freizeit bestenfalls ein bemühtes Dösen zuwege, die Anspannung läßt sich auch mit den Tricks der drei Teamärzte Dr. Gutzeit, Dr. John und Dr. Kober nur teilweise lösen.

*drittes Bild von oben:*
*Metz, John, Hasenbichler, Hördt*

*viertes Bild von oben:*
*Bayer, Hagelauer, Wilhelm, Gnad, Hausberger*

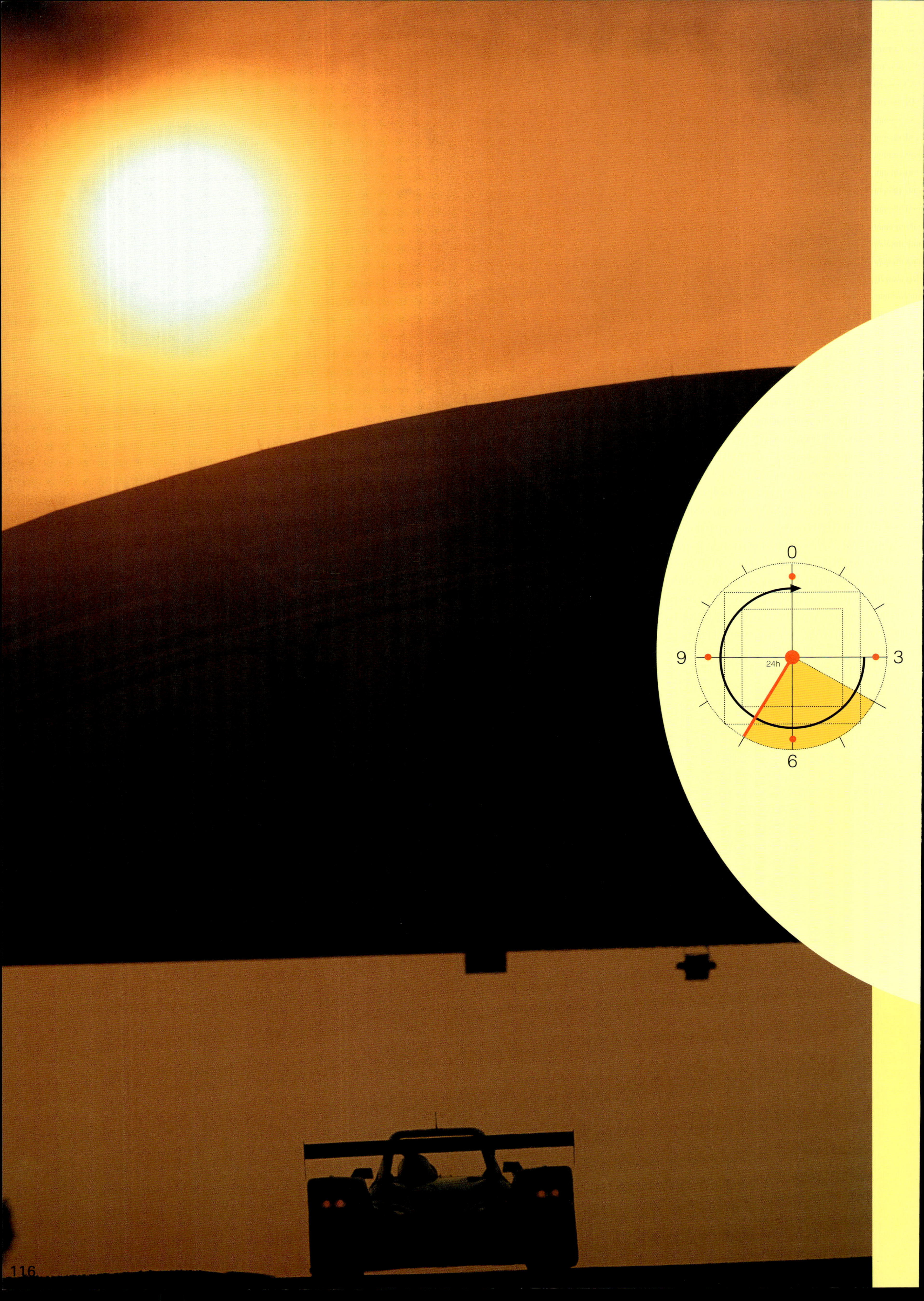
0
9
3
6
24h

Der Dunlop-Bogen geht im Osten auf, er eröffnet sich aus der Rechtskurve hinter Start-und-Ziel und ist das markanteste Wahrzeichen des Klassikers von Le Mans. Als Stirling Moss einmal gefragt wurde, ob es Aspekte des Motorsports gäbe, für die man den Begriff „Kunst“ anwenden dürfe, sagte er ungefähr: Wenn ein großer Fahrer in einem wunderbaren Auto die Dunlop-Passage von Le Mans so durchfährt, daß es besser nicht ginge, dann erleben wir einen Moment von gültiger und wahrhaftiger Kunst. Ohne sich jetzt große Gedanken in dieser Richtung zu machen, streben Frank Biela, Michele Alboreto und Perry McCarthy (rechtes Bild) ins volle Licht des 13. Juni, der ein Sonntag ist.

Kurzschluß, ist das in den Heydays der Hi-Tech überhaupt noch im Programm? Offensichtlich. Konfuse Funken haben zu Problemen in der Steuereinheit der Schalt-Pneumatik des Alboreto-Wagens und zu einem längeren Boxenstopp geführt. (Daheim wird die Analyse ergeben, daß es einer jener lächerlichen Drei-Mark-Fehler war, wie sie der Geschichte von Le Mans schon die unglaublichsten Dramen beschert hatten). Dadurch wird die Aufholjagd des Siebener-Roadsters mit Aiello, Alboreto und Capello in den Morgenstunden kurzfristig aufgehalten, und zwischendurch haben sich auch die vier Ringe am Lufteinlaß abgemeldet. Keine Probleme am Achter-Wagen: Didier Theys führt den Roadster in den frischen Vormittag.

Also werden wir wieder dran erinnert, daß uns keiner sagen kann, warum das unter dem Helm zu tragende Häubchen ausgerechnet „Balaklava" heißt. Wie auch immer: Die Wartezeit zwischen den Boxenstopps wird immer zähflüssiger, und jeder sucht auf seine Art ein bißchen Ablenkung. Draußen unterdessen die volle action: Die Tribünen sind wieder gefüllt, an Start und Ziel, bei Mulsanne, Indianapolis, Arnage und Maison Blanche, und im Luna-Park beim Dunlop-S gibt's wieder Warteschlangen vor den Karussels. Auf den externen Zubringern und internen Verbindungswegen wuselt der Verkehr im dauernden Standortwechsel der Zuschauer, die beliebten Kneipen an Tertre Rouge und entlang der Hunaudières sind brechend voll. Was ist zu sehen? Biela stößt mit der Nummer Acht auf den dritten Platz vor, Alboreto gewinnt Platz fünf und Capello wird sich weiter verbessern auf Rang vier.

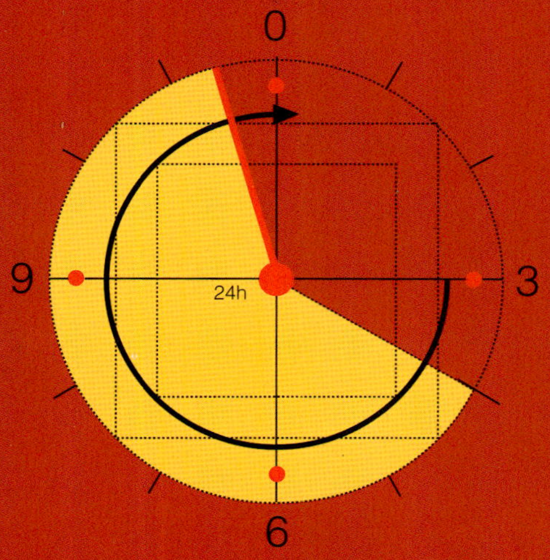

*Paul, Werner, Hehl*

Ullrich

Pirro

*Nachdem die Überlebenden mit all ihren Blessuren in den Sonntagmorgen gefahren sind, sich das Feld am Vormittag noch einmal zusammengeschüttelt hat und nun in trügerischer Konstanz die Viertausend-Kilometer-Distanz passiert, ist die Mittagszeit berüchtigt für überraschende und unerwünschte Neuigkeiten. Diesmal ist die Konkurrenz davon betroffen. Von den 45 gestarteten Autos schmücken schon 19 den edelsten Gebrauchtwagenplatz, den sich der gehobene Freak vorstellen mag.*

van Oyen, Paefgen, Theys

Haberkern, Dumont, Jüttner

Andor

Capello, Bare

Ziebart, Mischke, Krause

Hausner, Rigoulet, Pasche

Audi Sport

Audi

Unfaßbar, wie lang sich vierundzwanzig Stunden im Leben eines Menschen ausbreiten können. Die letzte Stunde wird noch verschärft durch einen Emergency-Boxenstopp: Auf der Strecke herumliegende Karosserieteile haben bei Aiello zu einem Reifenplatzer geführt. An den Tankstellen der Audi-Boxen kann demnächst schon Inventur gemacht werden. Es wird sich ein Schnitt von circa 6,6 Liter pro Runde ergeben, damit ist man ganz gut vorn dabei. Die Umrechnung auf zivile Einheiten (48,5 l/100 km) ist immerhin noch weniger dramatisch als die Vorstellung, ein 600-PS-Auto mit einem Schnitt von mehr als 200 km/h zu bewegen. Und auch hier läßt sich technischer Fortschritt ablesen: Der Verbrauch ist etwa halb so hoch wie bei den „Big Bangers" der vorigen Le-Mans-Generation.

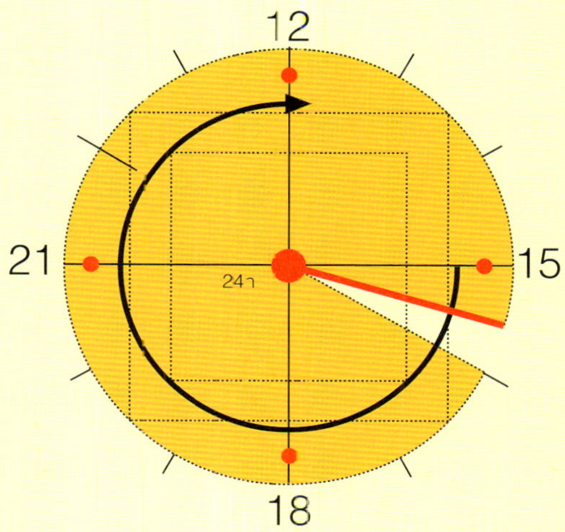

*oben: Laurent Aiello*
*unten links: Frank Biela*
*unten rechts: Emanuele Pirro*

Emanuele Pirro

Michele Alboreto

FRANCE INFO
Mobil

MEDIA
153
Mobil

Wie sich die
gegen Ende schon
unerträgliche
Anspannung löst,
wie die Emotionen
fliegen: Das Glück
der frühen Ankunft
und die flockenfreie
Freude an der Boxen-
mauer. Laurent Aiello
zelebriert die
Zieldurchfahrt
der Nummer Acht,
Emanuele Pirro folgt.
Rang drei und vier
für die beiden R8R
bei Audis erstem
Antreten in Le Mans.

12
21
24h
ziel
ESSO Ultron
ESSO
FRANCE
info
102
153

Mobil 1
Mobil 1

Team Joest, Jüttner

Mühlmeier, Basche,
Gassen, Ullrich

Basche, Capello

Die Joests, Nistl

Audi-Hospitality: Mischke,
Ullrich, Flandorfer, Paefgen
Gassen

Es war Audis erster Einsatz in einem Rennen, in dem Erfahrung mehr zählt als irgendwo sonst im Motorsport. Und es war richtig, sich selbst gleich fürs erste Mal den Anspruch auf den Sieg zu stellen. Damit liegt die Latte dort, wo sie hingehört, und es braucht nicht mehr viel gerätselt werden, was im Juni 2000 passieren soll.

*Platz drei: Pirro, Biela, Theys*

# Technische Daten

## Audi R8R

| | |
|---|---|
| **Fahrzeugtyp** | Le Mans-Prototyp (LM-P) |
| **Monocoque** | Kohlefaser, Crash-Struktur ACO und FIA geprüft. Stahl-Überrollbügel vorne und hinten |
| **Karosserie** | Kohlefaser |
| **Motor** | V8-Zylinder mit Turboaufladung, 90 Grad Zylinderwinkel, 4 Ventile pro Zylinder, 2 Garrett-Turbolader, reglementbedingte Luftmengenbegrenzung auf 2 x 33,2 mm sowie Ladedruckbegrenzung auf 1,67 bar absolut |
| **Motormanagement** | Bosch MS 2.8 |
| **Motorschmierung** | Trockensumpf, Shell Racing Oil SR |
| **Hubraum** | 3600 cm3 |
| **Leistung** | 610 PS bei 6300/min |
| **Drehmoment** | 700 Nm bei 5750/min |
| **Kraftübertragung** | Heckantrieb |
| **Kupplung** | CFK-Kupplung |
| **Getriebe** | sequentielles 6-Gang-Sportgetriebe, Partner Ricardo |
| **Differential** | Lamellensperrdifferential |
| **Antriebswellen** | Gleichlauf-Tripode-Verschiebegelenkwellen |
| **Lenkung** | servounterstützte Zahnstangenlenkung |
| **Fahrwerk** | Einzelradaufhängung vorne und hinten. Doppelquerlenker-Aufhängung. Pushrod-System mit horizontal liegender Feder/Dämpfer-Einheit, einstellbare Gasdruckstoßdämpfer |
| **Bremsen** | Hydraulische Zweikreisbremsanlage, Monoblock-Leichtmetall-Bremssättel, innenbelüftete Kohlefaser-Bremsscheiben vorne und hinten, Bremskraftverteilung vom Fahrer stufenlos einstellbar |
| **Felgen** | O.Z. Schmiedefelgen aus Magnesium vorne: 13 x 18 Zoll hinten: 14,5 x 18 Zoll |
| **Reifen** | Michelin Radial vorne: 32/65-18 hinten: 36/71-18 |
| **Länge** | 4650 mm |
| **Breite** | 2000 mm |
| **Höhe** | 1080 mm |
| **Mindestgewicht** | 900 Kilogramm |
| **Tankinhalt** | 90 Liter |

## Audi R8C

| | |
|---|---|
| **Fahrzeugtyp** | Le Mans-GT-Prototyp (LM-GTP) |
| **Monocoque** | Kohlefaser (Entwicklungspartner rtn); Crash-Struktur ACO und FIA geprüft; Stahl-Überrollkäfig |
| **Karosserie** | Kohlefaser |
| **Motor** | V8-Zylinder mit Turboaufladung, 90 Grad Zylinderwinkel, 4 Ventile pro Zylinder, 2 Garrett-Turbolader, reglementbedingte Luftmengenbegrenzung auf 2 x 33,9 mm sowie Ladedruckbegrenzung auf 1,87 bar absolut |
| **Motormanagement** | Bosch MS 2.8 |
| **Motorschmierung** | Trockensumpf, Shell Racing Oil SR |
| **Hubraum** | 3600 cm3 |
| **Leistung** | 640 PS bei 6300/min |
| **Drehmoment** | 760 Nm bei 5500/min |
| **Kraftübertragung** | Heckantrieb |
| **Kupplung** | CFK-Kupplung |
| **Getriebe** | sequentielles 6-Gang-Sportgetriebe, Partner Ricardo |
| **Differential** | Lamellensperrdifferential |
| **Antriebswellen** | Gleichlauf-Tripode-Verschiebegelenkwellen |
| **Lenkung** | mechanische Zahnstangenlenkung, nicht servounterstützt |
| **Fahrwerk** | Einzelradaufhängung vorne und hinten. Doppelquerlenker-Aufhängung. Pushrod-System mit horizontal liegender Feder/Dämpfer-Einheit, einstellbare Gasdruckstoßdämpfer |
| **Bremsen** | Hydraulische Zweikreisbremsanlage, Monoblock-Leichtmetall-Bremssättel, innenbelüftete Kohlefaser-Bremsscheiben vorne und hinten, Bremskraftverteilung vom Fahrer stufenlos einstellbar |
| **Felgen** | O.Z. Schmiedefelgen aus Magnesium vorne: 12,25 x 18 Zoll hinten: 13 x 18 Zoll |
| **Reifen** | Michelin Radial vorne: 29/65-18 hinten: 31/71-18 |
| **Länge** | 4800 mm |
| **Breite** | 2000 mm |
| **Höhe** | 980 mm |
| **Mindestgewicht** | 900 Kilogramm |
| **Tankinhalt** | 90 Liter |

# 67. Vierundzwanzig-Stunden-Rennen von Le Mans

12./13. Juni 1999, Circuit de la Sarthe.
Streckenlänge 13,605 km.
Zurückgelegte Distanz der Gesamtsieger: 365 Runden = 4967,991 km (= 207 km/h).
45 Teams gestartet, 22 klassiert.
220.000 Zuschauer.

## Gesamtklassement

| | |
|---|---|
| 1. Dalmas/Martini/Winkelhock (F/I/D), BMW V12 LMR | 365 Runden |
| 2. Katayama/Suzuki/Tsuchiya (J), Toyota GT-One | 364 Runden |
| **3. Biela/Pirro/Theys (D/I/F), Audi R8R** | **360 Runden** |
| **4. Aiello/Alboreto/Capello (F/I/I), Audi R8R** | **346 Runden** |
| 5. Bscher/Auberlen/Soper (D/USA/GB), BMW V12 LM98 | 345 Runden |
| 6. Caffi/Montermini/Schiattarella (AUS/F/USA), Courage C52-Nissan | 342 Runden |
| 7. Brabham/Bernard/Leitzinger (AUS/F/USA), Panoz LMP | 336 Runden |
| 8. Cottaz/Goossens/Ekblom (F/B/S), Nissan C52 | 334 Runden |
| 9. Pescarolo/Ferté/Gay (F), Courage C50-Porsche | 327 Runden |
| 10. Beretta/Wendlinger/Dupuy (F/A/F), Chrysler Viper GTS-R | 325 Runden |
| ... Wallace/Weaver/McCarthy (GB), Audi R8C | 198 Runden |
| ... Abt/Johansson/Ortelli (D/S/F), Audi R8C | 55 Runden |

## Circuit de la Sarthe, Le Mans, Streckenlänge 13,605 km

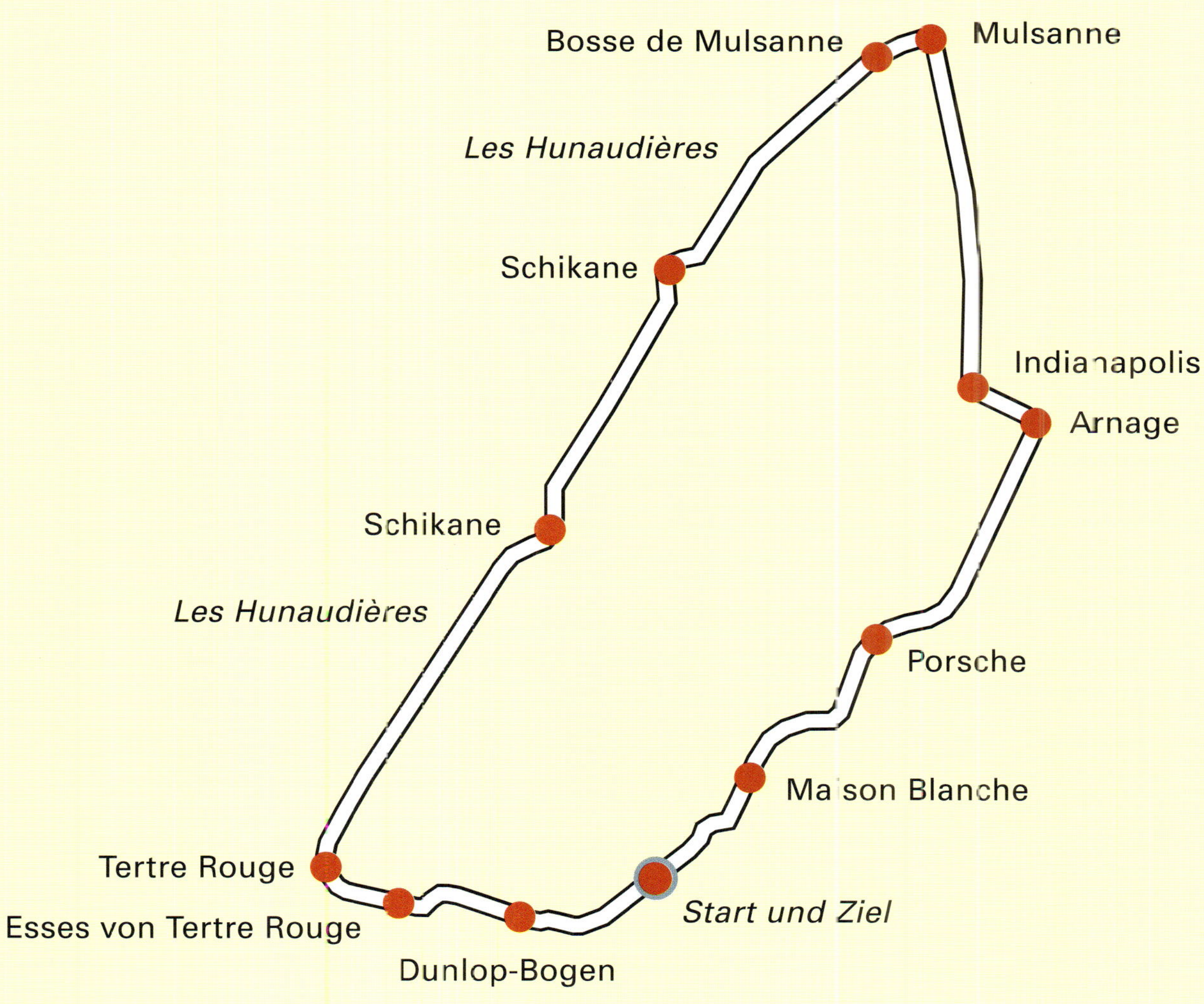